开平碉楼村落

五邑文化孕育出的建筑艺术

国古建筑之旅

刘丹华　周国宝　著

江苏科学技术出版社

图书在版编目（CIP）数据

开平碉楼村落 / 刘丹华，周国宝著．—南京：江苏科学技术出版社，2013.8

（中国古建筑之旅）

ISBN 978-7-5537-1467-7

Ⅰ．①开… Ⅱ．①刘… ②周… Ⅲ．①民居－介绍－开平市 Ⅳ．①K928.79

中国版本图书馆CIP数据核字(2013)第142183号

中国古建筑之旅

开平 碉楼村落

著　　者　刘丹华　周国宝

项目策划　凤凰空间／张力维

责任编辑　刘屹立

责任监制　刘　钧

出版发行　凤凰出版传媒股份有限公司

　　　　　江苏科学技术出版社

出版社地址　南京市湖南路1号A楼，邮编：210009

出版社网址　http://www.pspress.cn

总　经　销　天津凤凰空间文化传媒有限公司

总经销网址　http://www.ifengspace.cn

经　　销　全国新华书店

印　　刷　北京建宏印刷有限公司

开　　本　710 mm×900 mm 1/16

印　　张　13

字　　数　187 200

版　　次　2013年8月第1版

印　　次　2013年8月第1次印刷

标准书号　ISBN 978-7-5537-1467-7

定　　价　39.80 元

特别致谢

图片提供 黎武扬 曲相国 余泽欣 王广湖 张向宁 邝积康 黄伟良 李劲伟 梁敏仪 赵 刚 微 图 全景图片 集成图片 达志影像 shutterstock dreamstime 等

版式设计 寒江雪 董亚梅 赵媛媛

鸣 谢

在编辑这套书的过程中，我们得到一些景区和景区的运营单位、主管部门等的大力支持和帮助，为我们提供了丰富的图文资料，在此向他们致以诚挚的谢意！

安徽：查济 / 桃花潭 / 江村 / 龙川 / 宏村 / 西递 / 南屏 / 棠樾 / 呈坎 / 西溪南 / 许村

山西：柳氏民居 / 皇城相府 / 李家大院 / 孔祥熙宅园 / 常家庄园 / 王家大院 / 乔家大院 / 长治影协 / 关沟村村委会

福建：南靖旅游局 / 南靖土楼旅游公司

贵州：榕江旅游局 / 黎平旅游局

广东：开平碉楼公司 / 风采堂理事会

总序

读懂建筑，开启深度之旅

旅途中，总有一些风景，虽然存在，你却不能真正领略。因为，只有知道，才能看见。建筑，尤其如此。所以，看之前，要多一些知道、多一些了解，看的过程，才能让呈现在眼前的景色变得丰富而立体，才能让视觉的震撼转换成心灵的滋养。

建筑是文化的。中国具有非常悠久的历史和丰富的文化。历史和文化的传承，最主要的载体就是建筑。故宫大门上的门钉体现的是等级；丹陛桥彰显的是地位；四水归堂的寓意是让四方之财如同天上之水，源源不断地流入自己的家中；木雕上红色的蝙蝠则是“洪福（红蝠）齐天”的谐音。只有读懂了中国的建筑，才能读懂中国的历史和文化。

建筑也是艺术的。大门不仅仅是出入口，所以才有夸张的门罩和精致的门楼；黄色和绿色的视觉冲击，白色和黛色的浑然天成，那都是美轮美奂的色彩搭配；叠山流水、梅兰竹菊，更是对美、对艺术的高度浓缩概括。分不清楼与阁，轩与榭，就读不懂建筑的艺术，就不会欣赏建筑。

建筑当然是实用的。吊脚楼蕴涵着南方多雨区的干燥诉求；宏伟的箭楼要实现的是防御功能；美人靠可供“美人”凭栏休憩；临水阁楼则是为浣纱的村妇遮风挡雨；无梁殿不是秀技术，是对广阔空间的需求。读懂了建筑的本意，才能理解建筑的设计本意。

“建筑是一个民族文明的结晶”，它绝对值得我们暂且放下手中的工作，探访先人留给我们的这份宝贵财富。为此，我们编写了这套《中国古建筑之旅》丛书，包括《闽西 客家土楼》《徽州 山水村落》《江南 水乡古镇》《开平 碉楼村落》《黔东南 苗寨侗乡》《北京 皇宫王府》《山西 晋商大院》《苏州 古典园林》八个分册，详细地叙述了不同的历史、环境以及文化所赋予这些建筑的独一无二的特征，旨在陪伴读者与建筑对话，开启一段有深度的中国古建筑之旅。

前言

信步田间 寻访碉楼

走在五邑侨乡的乡村小路上，总会看到一座座古堡般的建筑耸立在荷塘绿野间，让你如置身异国，这就是开平碉楼。在开平，造型各异的碉楼星罗棋布，举目皆是，多者一村几十座，少者一村两三座。它是中国乡土建筑的一个特殊类型，开平也被专家誉为“侨乡建筑艺术长廊”。

开平地处我国著名的五邑侨乡。19世纪末20世纪初，开平地区常年遭受匪患，而且洪涝频繁，一些当地民众无奈之下远渡重洋，到美国、加拿大等国谋生。在外拼搏的华侨把积攒的钱汇给家人建碉楼，以保护亲人的生命财产安全，开平碉楼由此而生。

信步穿梭在这亦中亦西的碉楼间，浓郁的西方建筑韵味迎面袭来：排列有序的罗马柱式，精美的花鸟雕饰，别具一格的拜占庭穹顶，光影浮动的长廊……这些原本属于西方的建筑艺术竟能与中国的传统文化如此完美地融合，真是让人惊叹。

开平现存1833座碉楼，为了记录这些建筑的独特风姿，特策划《开平 碉楼村落》一书。本书融合了开平地区的历史、风俗、建筑等文化，娓娓道来，希望能够让读者朋友在旅行中尽享碉楼建筑的艺术魅力。

如何使用本书

本书先从缘由、布局、营造、造型和装饰五个方面对开平碉楼村落作系统、深度解读；然后精选开平的自力村、马降龙、锦江里等16个最具观赏价值的碉楼村落，作全方位的介绍。

碉楼村落 全书精选16个最具观赏价值的碉楼村落，进行深入解读。

碉楼村落概况 精美的大图，简练、优美的文字，给人视觉、感官上的享受。

专题 对更楼等开平碉楼村落的特色建筑要素、当地的风土人情作专门介绍。

图片 210余张精美图片全方位展示碉楼村落，大到村落的全景全貌，小到碉楼的一雕一刻。

看点 对个别单体碉楼的特别之处分类介绍。

攻略 介绍碉楼村落的交通、行程、餐饮、住宿等情况，方便读者前往旅游。

故事／链接／解说 注重拓展，将与建筑相关的故事、典故、建筑术语等一并进行介绍，增加了本书的趣味性、知识性。

碉楼村落名片 介绍碉楼村落的头衔、位置、门票、咨询电话、网址等基本信息。

溯源 介绍碉楼村落的历史、奠基者的发家史，勾画出碉楼村落的来龙去脉。

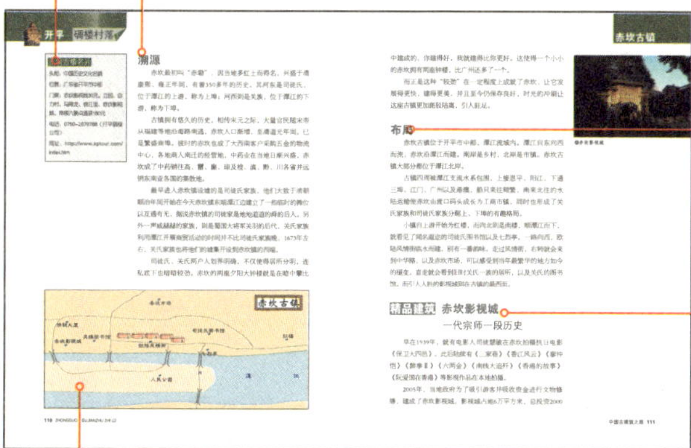

布局 对开平碉楼村落的外部环境、内部布局作明晰介绍，将碉楼村落"倚山面水"的布局理念展现无遗。

精品建筑 特色碉楼重点介绍，深入浅出，注重深挖碉楼背后的文化底蕴。

示意图 绘有标明碉楼村落景点分布、配套设施等的示意图，实用耐看。

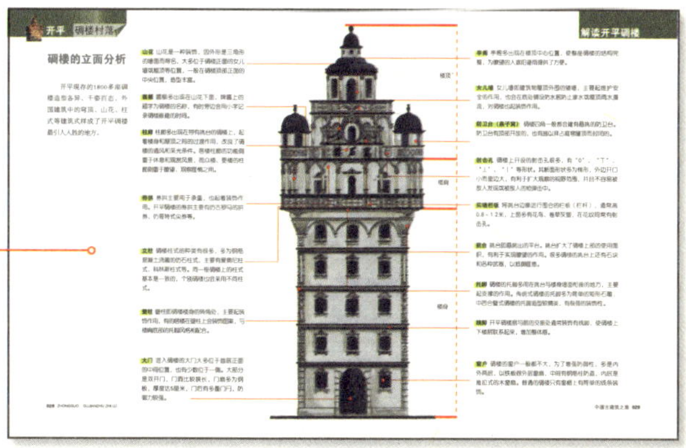

解读 对开平碉楼从多个角度进行深度解读，帮助读者开启开平碉楼的艺术之旅。

目录

百合碉楼村落

蚬冈碉楼村落

赤水碉楼村落

长沙碉楼村落

三埠碉楼村落

页码速查

开元塔 P182
自力村碉楼群 P34
P58 方氏灯楼
开平碉庄 P66
P92 三门里村落
加拿大村
P70 立园
P126 南楼纪念公园
罗汉山东水库
赤坎镇
P108 赤坎古镇
江 潭
百合镇
美国村
马降龙碉楼群 P132
P150 适庐
P156 雁平楼
斜楼
蚬冈镇
P162 锦江里碉楼群
日升楼与云翼楼 P176

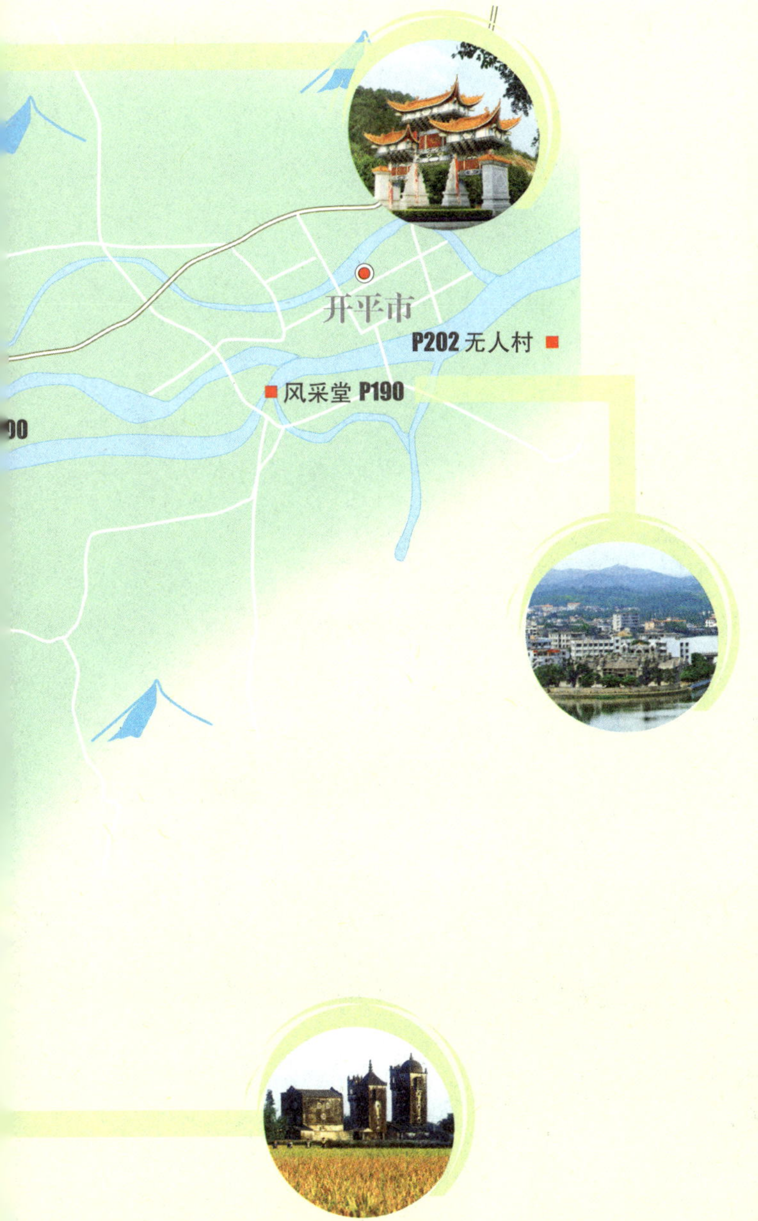

示意图目录

解读

开平碉楼

开平现存的1833座碉楼，它们如一粒粒珍珠散落在五邑侨乡的竹林、田野间，其融中西建筑于一体的建筑形式更是让世人折服。开平碉楼具有独特的地域性，既有中国传统文化底蕴，又带有浓郁的欧陆建筑气息，被誉为“活生生的建筑艺术博物馆”，而且被列入“世界文化遗产”，为全世界人民所瞩目。

① 缘由

归侨的防御性别墅

开平碉楼是中国乡土建筑的一个特殊类型，是长期动乱的社会环境与兴盛的移民文化所催生的产物，是集防卫、居住和中西建筑艺术于一体的多层塔楼式建筑。“碉楼”的称谓古来有之，而开平的侨乡文化赋予碉楼新的形象和意义。

开平碉楼的兴起

防涝

开平地处东南沿海，每年夏秋两季台风肆虐，加上河网纵横，地势低洼，洪涝更是频繁；而当地的传统民居以单层的三间两廊式砖木结构房屋为主，每次遇到洪灾，村庄常被洪水所淹。这些都给当地人民的生活带来了极大损失，所以人们兴建起墙体厚实坚固、楼层较高的碉楼，以保平安。

防匪

早期的开平位于恩平、新会、新兴等县的交界之处，匪患严重，社会动荡不安，治安状况恶劣，很多人远渡重洋谋生。之后，生活日渐优越的侨眷和归侨，成为匪徒作案的对象，而当时官府的管制力度却远远不能保障人们的生命财产安全。在这种情况下，人们合资或独资建筑碉楼以求自保。

侨汇与建筑技术的引进

19世纪末20世纪初，广大华侨开始把多年的积蓄投入到改善家乡亲人生活与家乡建设之中。有的华侨从国外带回建筑设计图纸，或建筑图像作为参考资料，同时，大量的新型建筑材料自香港口岸输入内地。

西方文化的传播

随着侨乡文化的发展，很多近代西方国家的思想、科学技术、生活方式传入开平。海外华侨热情地支持家乡的文化教育事业，比如创办多种侨刊，兴建图书馆，这也是促进中西文化交融的重要因素。

开平碉楼的发展

开平地区现存1833座碉楼，从按建造年段划分的现存碉楼数量可以看出，开平碉楼的历史发展过程基本上可以划分为发展初期、兴盛期、衰落期三个阶段。

单位：座　　开平碉楼发展折线图

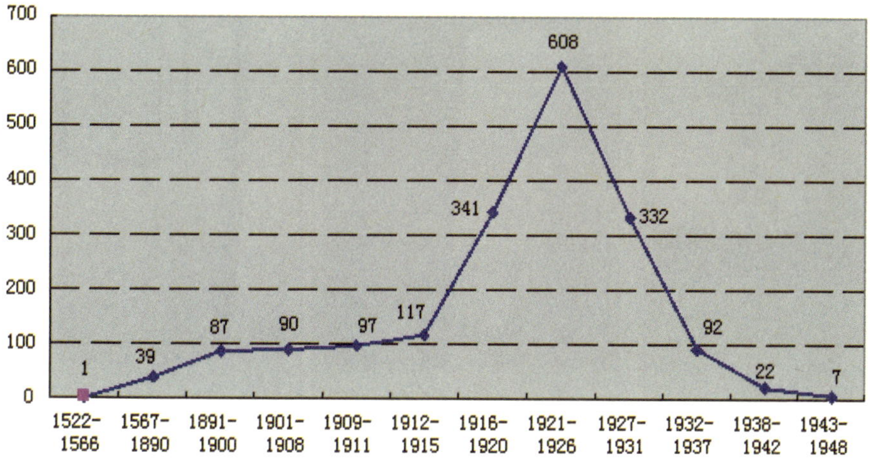

单位：年

发展初期（1522—1911年）

这一时期建筑碉楼的必要性不强，同时，当时的碉楼多以砖石结构为主，容易遭到毁坏或拆除，因此碉楼现存数量很少。

发展兴盛期（1912—1937年）

这一阶段，碉楼开始模仿西方的建筑式样，随着侨汇的资金支持和建筑技术的提高，钢筋混凝土碉楼的造型和装饰趋于成熟。后期，社会治安略有好转，同时经济危机影响侨汇的流入，碉楼的建造数量减少。

衰落期（1938—1949年）

这一阶段，抗日战争和解放战争的相继爆发，社会动荡不安，侨汇中断，碉楼的建设走向衰落，而且许多碉楼受到了不同程度的破坏。1949年新中国成立以后，由于政治和社会条件的改变，开平碉楼的建设基本停止。

保护期（1949年以后）

现在，大多数碉楼都是空置的，一些碉楼破损，甚至坍塌。2000年，开平碉楼被国务院批准为国家级文化保护单位，2007年，被正式列入《世界遗产名录》。

开平碉楼的功用

开平碉楼的建造多是用作防洪防匪，其中以防匪为主。一座碉楼就是一个防御单位，走近不同类型的碉楼，可以从各个角度感受到它对外的防御设计。

形体

开平碉楼占地面积比传统民居小，建筑层数多在3~5层。高大的体量使碉楼发挥良好的防守瞭望作用。

墙面

碉楼楼身外墙面装饰较少，防止近攻的敌人利用复杂的建筑物隐蔽和进攻。墙面多开设“0”、“丅”、“丄”、“丨”等形状的射击孔，射击孔的造型都是内大外小，有利观察和射击。

门

大门几乎是进入碉楼的唯一通道。门扇有木板外包铁皮和铁门两种，前者的厚度达4~8厘米，而铁门的厚度可达5厘米。大门后面一般都有五道以上的门闩。很多碉楼的门扇后面还安装有竖向或横向的栅栏。

墙体

碉楼的外墙体一般都很厚重，在30~50厘米之间。一是稳定结构，二是防卫。厚重的墙体可以抵挡当时一般的手枪、步枪等轻型火器的进攻。

窗

碉楼的窗户有很强的防御性，多是内外两层，一般用0.4~0.6厘米厚的铁板做成向外平推式的窗扇，中间有钢筋柱防盗，内层是推拉式的木窗扇。首层窗台高度较高，一般在2.2~2.5米之间。

天井

有些碉楼会在楼板中央开设长宽1米左右的天井，上面罩着铁条焊制的盖板，主要用于防洪和防匪。洪水漫进楼内时，掀开铁盖板可把楼下贵重东西用绳索吊到楼上来；土匪来犯时，可以透过天井射击。

挑台

挑台分檐式挑台和防卫台，一般向外挑出0.6～0.9米。碉楼在挑台底部，即大门的顶部通常会开设有两个射击孔，楼内的人可以从二楼向下射击靠近大门的来犯之敌。

实墙栏板

实墙栏板通常也会设有射击孔，开孔底边离挑台地面50厘米到70厘米之间，这个高度正好可以满足人半蹲射击的要求。

女儿墙

碉楼的顶层通常建有1米多高的女儿墙，为了提高碉楼的防御性，墙面上会开设多个射击孔。

防卫台

四个角一般建有凸出的防御掩体设施防卫台，挑出部分在0.8~1.1米之间，增加了瞭望和射击的高度，扩大了防御的空间。

早期的防卫台也称“角楼”，多为方形，且落地而建，每一层设有射击孔。后期防卫台悬挑而建，即“燕子窝”。燕子窝提高了观望和防御高度，得以在下面开设射击孔。形状也发生了变化，有了圆形的燕子窝出现。人在其中可以向下、向前、向左、向右四个方向对外射击，楼与楼之间形成交叉火力。

② 布局

风水观念与实用主义的融合

开平早期的乡村，大部分在建村前就有严谨的规划和建设规定，所以布局整齐划一。作为村落的一部分，碉楼在选址时也要遵循村落的规划布局，所以就形成了开平侨乡独特的村落风格。

开平的村落

开平地区多为规整的低层高密度的梳式村落，人们非常重视对地貌、水文、日照、气候等一系列自然地理环境因素

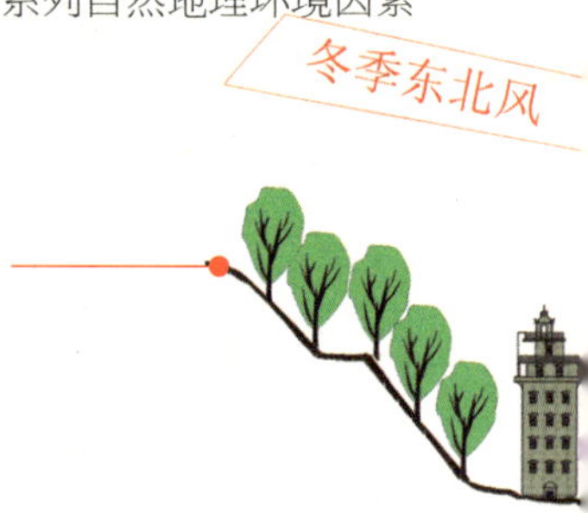

倚山 倚山建村，可以少占耕地，在山地的阳坡建房可以抵挡冬天的寒风和获得夏季的东南风，而且缓坡便于雨水与生活污水的排放。

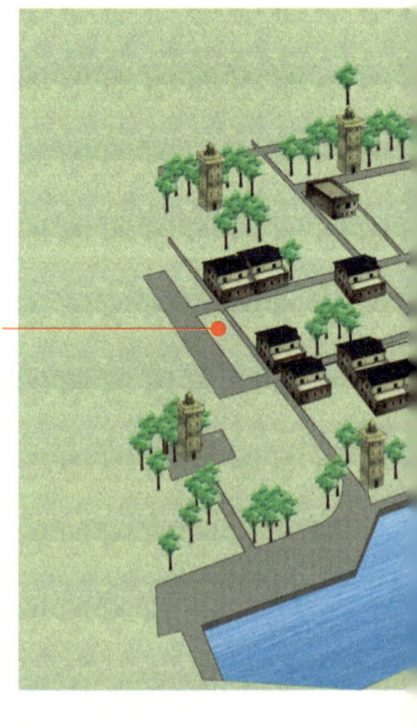

近田 稻作农业是开平乡村最重要和最基本的生产方式和生活来源。村落四周是宽阔的水稻田，这些绿油油的庄稼环绕着村落，呈现出惬意的田园风光。

的评估，因此这种村落主要的布局特征为倚山、面水、近田、方整。村内，纵横交错的里巷将各家各户织成一个棋盘网络。此外，村落还常常用门楼、榕树、池塘、守护神位作为村口的标志，而祠堂、灯寮、书室则设在村前中间或左、右一侧，成为村民公共活动的中心。

先画好方格网，按股份情况分配宅基地，每股份分一块宅基地。每块宅基地用地面积相同。巷口十间一排，先建满第一排十座房间，才能建第二排十间，依此类推。每排前后间距1尺8寸（约0.6米），每六排建一条宽一点的横巷，宽6尺3寸（约2.1米）。排水的话，则是每家门口挖出一条水沟，也可以排到村前的池塘里。每户都是三间两廊的合院式，不能自己更改。同时，后排的房子一定要比前排高7寸（约0.2米）。

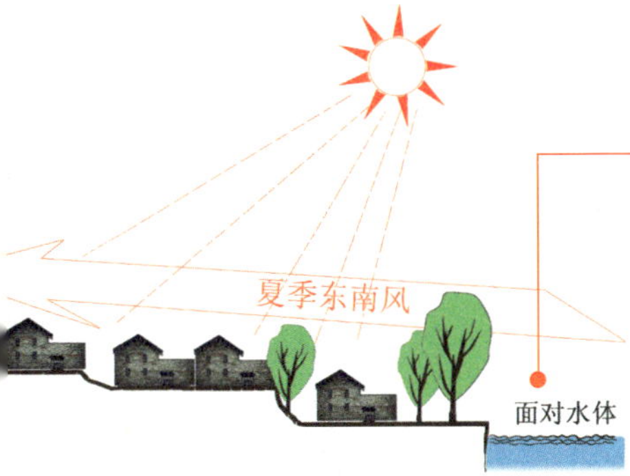

面水 村前通常有由于地势低洼形成或者人工开挖的池塘。这一汪绿水是整个村落的活动焦点，既可以供日常生活和灌溉稻田之用，也可以放养家禽，同时对于改善村落小气候、美化居住环境也起着很大的作用。

方整 由于村内民居多采用统一的平面、统一的高度、统一的建筑外观形式和统一的巷道格局，运用梳式或棋盘式组织方式将全村的各建筑单元有机地组合起来，所以整个村落和谐统一，布局井然有序。

碉楼的选址

碉楼的产生缘于防匪、防洪等原因，其选址也基于这个功能。碉楼出现后，为了不破坏村落的整体格局，一般的居楼平面与宅基地相同，只是体型较大。碉楼多建在村后或村两侧，这样有利于村落的防卫，也符合风水景观的要求。开平1800多座碉楼中，选址在村后的碉楼占63%，其次是位于村两侧的碉楼占26%。根据碉楼的数量、位置以及各地村落情况的不同，选址方式主要有以下几种。

中轴后置型

这种选址类型的主要特点是碉楼在村后，沿着村落的中轴对称布置，形成强烈的视觉中心和视觉背景屏障。这类村落一般在村后建有1~3座碉楼，碉楼的朝向和村落的朝向相同，碉楼的侧墙面也与村落的里巷方向对齐。村后只有一座碉楼的，常位于村落的中轴线上。村后有两三座碉楼的，常平行于村落的横轴均匀分布，中间的一座或主要的一座也是位于村落的中轴线上，形成基本对称的格局，碉楼如同村落背后的靠山，给人视觉上和心理上的安全感。

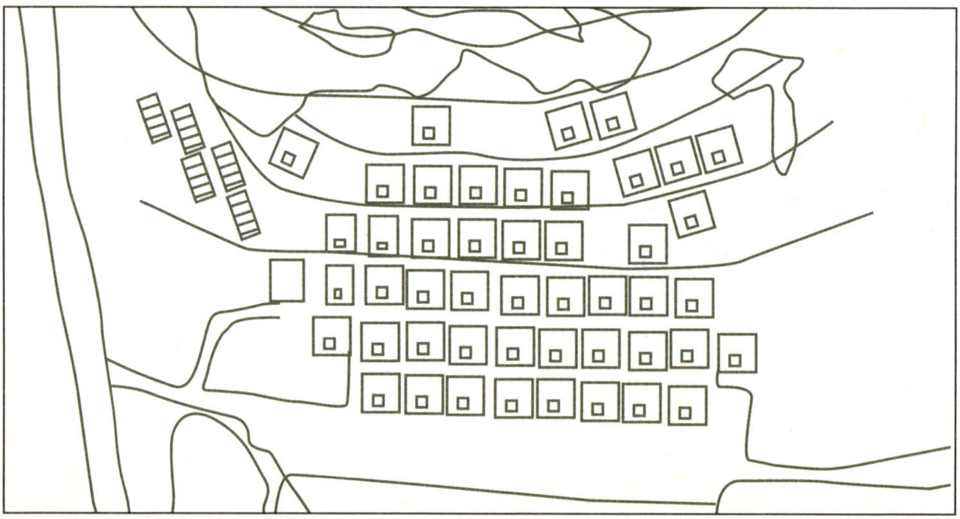

左右护卫型

这种类型的主要特点是碉楼分布在村落两侧，扼守进村的两侧道路，形成左右护卫的格局。马降龙的庆临村便是这种类型的代表，该村的村口两侧各有一座两层高的闸楼，上层作瞭望和守卫用，下层开门，扼守进村的主要道路。

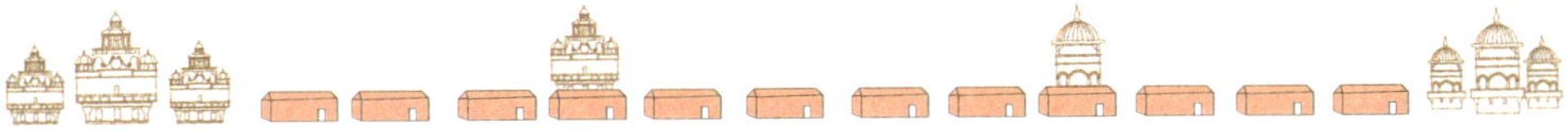

前后呼应型

这种类型主要的特点是村前村后都有碉楼，或左或右，形成前后呼应的格局。代表例子是马降龙的永安村，村内有两座碉楼，一前一后，分别扼守村落的两个对角，彼此呼应，布局十分合理。

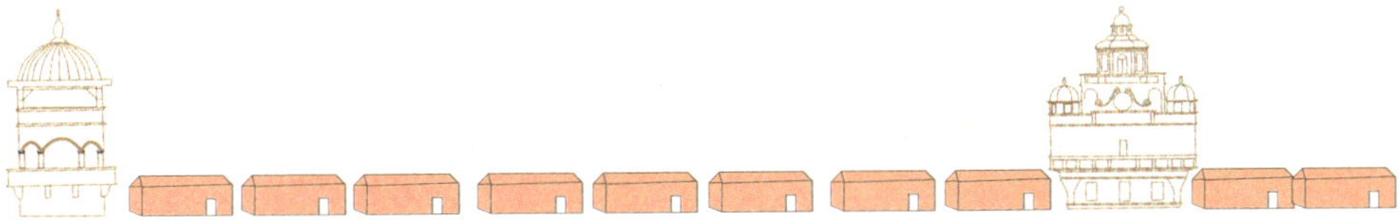

分散型

这种类型主要的特点是村内有多座碉楼，自由分散在村落前后，布局并没有强烈的轴线对应关系，单座碉楼的主要朝向还是与村落的座向一直，代表例子有塘口镇自力村。自力村内有铭石楼等15座碉楼，这些碉楼分布于民居、田园之间，整个碉楼建筑精美，错落有致，在古朴的民居以及周边的稻田、竹林的掩映下，形成一道亮丽的风景线。

独立型

这种类型的碉楼或基于防守瞭望报警的需要，或基于在村镇的建设、布局中显示出自身独特个性的需要。例如塘口镇自力村的方氏灯楼，位于塘口墟北面的小山上，是附近乡村联防的重要据点，是基于防守瞭望的原因而独立设置的。

③ 营造

精心设计精密施工

开平市是广东碉楼分布的中心，也是数量最多的地区。那么千姿百态的碉楼是谁设计的，由什么人建造完成的，建楼都使用哪些材料，又是如何实现如此复杂的构造的，这些一直是大众眼中开平碉楼的谜，其谜底也是开平碉楼的价值所在。

碉楼的设计

聘请外国设计师设计

据1915年《荻海余襄公祠》明确记载：“而祠之后，画区为楼，功乃未竟。三年甲寅，廼以五百金雇西人綮新绘式。”荻海余氏风采堂后的风采楼是聘请西洋建筑师綮新设计的，该楼完全是西式建筑造型，比例协调，法式严谨，学院派风格明显。有些碉楼的图纸是从国外带回。锦江里的升峰楼楼主黄峰秀是美国华侨，升峰楼的图纸是他从广州带回来的，设计者是法国建筑师。

聘请内地设计师设计

清末至民国时期，五邑侨乡地区曾出过很多著名的建筑师和土木工程师。现存的开平赤坎镇的关氏图书馆、司徒琪医务所和荻海风采堂等建筑成为引领地方建筑的优秀设计作品。开平博物馆余沛连馆长在塘口冈岭村的调查中还发现了设计师谢济众为其哥哥谢济晃的居楼设计的图纸。该图纸虽然是铅笔绘制，但是绘制规范，表达专业，尤其是建筑设计非常现代化。

本地水泥匠创作

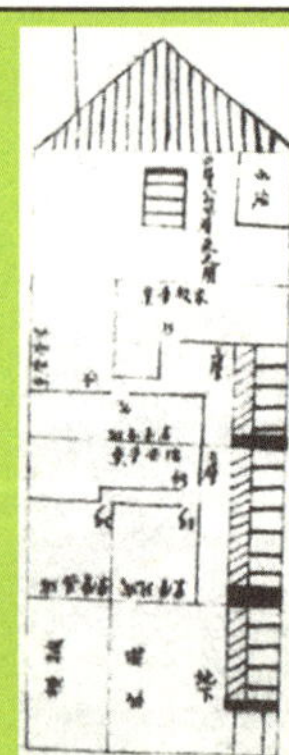

大量的碉楼还是由本地工匠自己设计并建造的，他们大多没有经过正规专业学习，是通过师傅带徒弟的方式在实践中成长为工匠的。当地人称之为“泥水佬”。泥水佬不少是世代相传、子承父业的。他们一般没有独立的公司，没有稳定的施工队伍，游走于乡村之间，接到工程后便临时雇佣施工人员，之间关系松散，但他们同样是开平碉楼创建的重要力量。

碉楼的建材

建筑材料和技术是开平碉楼中西合璧形成的重要条件，水泥、钢材、混凝土等现代材料和技术的使用，使开平碉楼成为可能。

砖楼

砖块分青砖、红砖两种，早期的碉楼以红砖材料为多，清朝末年则以青砖为多。由于砖的抗冲击能力没有夯土强，因此砖楼的墙体往往建得比较厚。开平早期的碉楼多是砖木结构，“大砖”砌墙，硬山式楼顶。砖楼现有249座，主要分布在开平北部的月山镇、水口镇和水井镇。比如三门里的迎龙楼等。

石楼

石楼充分利用当地丰富的石材资源砌筑而成，石块之间填土黏接。石楼楼层一般只有2、3层，造型简单，楼顶多为中国传统的悬山顶或硬山顶式样，没有向外悬挑的防卫台。开平现有石楼10座，多分布在低山丘陵地区，开平北部的大沙镇最多。代表例子有开平大沙镇莲塘村的竹称楼、肇龙村更楼等。

钢筋混凝土楼

钢筋混凝土楼俗称“石米楼”、“石屎楼”，一般用混凝土楼板和混凝土承重墙，大部分兴建于20世纪二三十年代。这种碉楼造型精美、坚固结实，现存数量最多、造型最复杂、分布最广，现有1474座，主要分布在平原丘陵地带的赤坎镇、蚬冈镇等地方，典型的有锦江里的瑞石楼、自力村的铭石楼等。

夯土楼

夯土楼当地村民称之为“泥楼”，通体黄色，外观简朴。建楼使用的材料是用黄泥、石灰、细沙等材料按比例混合搅拌而成的三合土。夯土楼现有100座，多分布在丘陵或平原地区，以开平南部的赤水镇和北部的龙胜镇为多。代表例子有白河镇虾边村的保安楼和适庐。

④ 造型

亦中亦西的多元化风格

从16世纪20年代到20世纪40年代，从开平现存最早的碉楼三门里迎龙楼（1522年）到最晚建造的自力村的湛庐（1948年），在这400多年的时间里，碉楼的外观都在不断变化，更适应时代的要求，在建造中也呈现出越来越丰富的建筑艺术。

碉楼的平面布局

碉楼在选址和建造时，大都顺应原有村落的布局，建于村后或两侧。其平面形状与村落规划的巷道相呼应，大部分为方形或长方形，也有少数的多边形平面，如位于月山三东村的八角楼为正八边形塔式平面。碉楼的平面面宽一般为6~9米，进深多为5~7米。平面尺度比当地传统民居稍小，但由于碉楼为竖向生长形平面，而且一般有3~5层，因此其使用空间反而比传统民居大很多。

更楼

更楼由于几乎没有居住的功能，因此平面布局较为简单，如自力村的方氏灯楼，内部完全不作分隔，每层仅在一侧靠墙处设置联系上下交通的楼体。

众人楼

众人楼在防御的基础上融入了居住的功能，布局比较集中。首层平面一般在面宽方向中央开门，进门为门厅，或者直接面向狭长的通道和楼梯。联系各层交通的楼梯一般居中横向或纵向布置。多是双跑楼梯，也有单跑楼梯。二层以上各层平面基本相同，中间为楼梯间和通道，两侧房间均匀分割。一般房间比较狭小，如天禄楼，面积多在3~5平方米。顶层则是挑台和凉亭，供防守瞭望用。

居楼

居楼由于是由单个家庭独资建造，集日常生活起居和防御于一体。因此其平面布局相对于更楼和众人楼，尤其是在生活起居上，有了较大的改进。如瑞石楼的布局，可以说是在传统民居的基础上依据现代生活方式改进发展而来的。

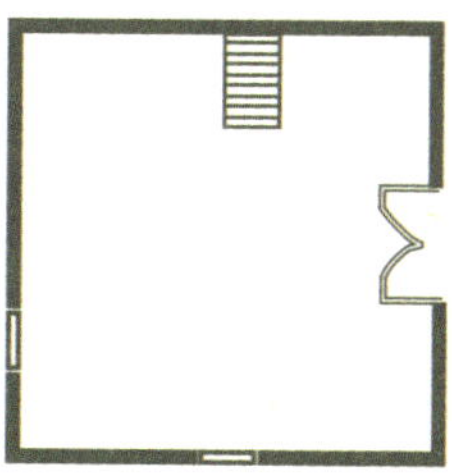

方氏灯楼首层平面

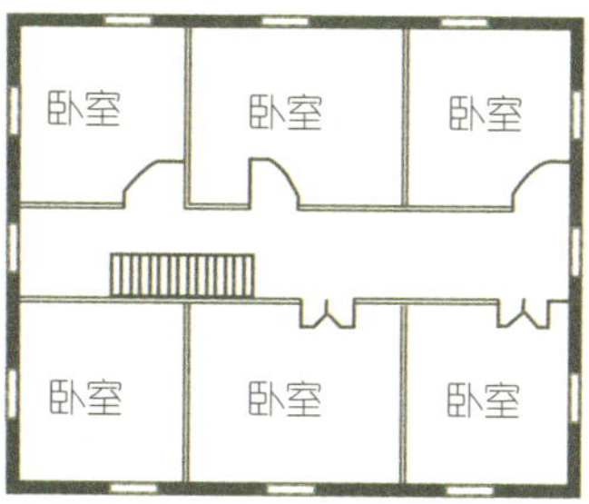

天禄楼三层平面

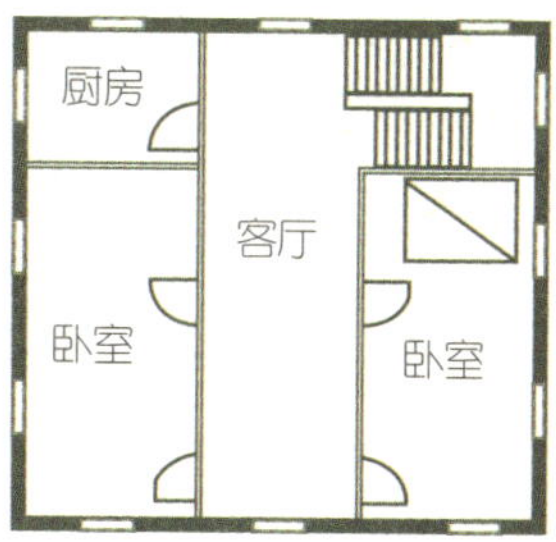

瑞石楼三层平面

居楼的平面布局

居楼有单开间和三开间两种布局形式，大多数居楼的平面以三开间和大进深的形式为主。

普通三开间

三开间的平面一般采用一厅两房的布局形式，中间是厅堂，厅堂后面为楼梯间，左右为主卧室，后部为厨房、厕所和小卧室。各层平面相同，顶层稍有变化。一些有庭院的居楼，室内不设厨房和卫生间，而将其建在楼外。

开平居楼与传统三间两廊式民居平面布局对比

		三间两廊式民居	居楼
平面简图		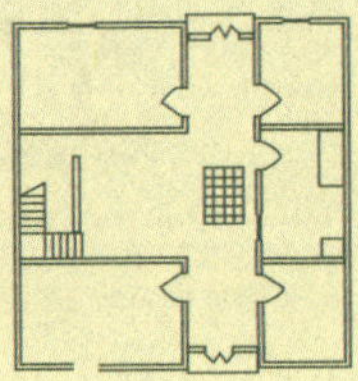	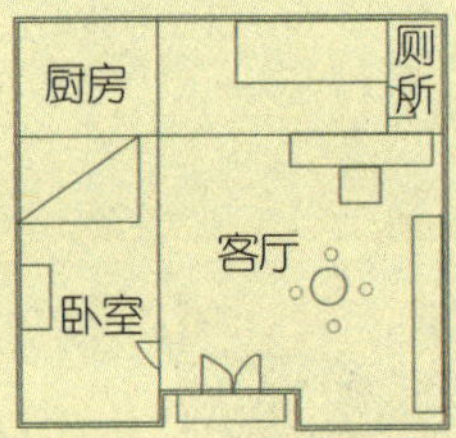
相同点		以三开间的中轴对称方式布局为主，厅堂、供奉祖先排位的神龛位于中轴线上，房间于两侧对称布置，主次分明。体现传统的家庭伦理观念。讲究礼序、尊卑等关系；平面布局考虑到以后家庭成员分户使用的需求	
不同点	大门位置	位于两侧，与村落布局相呼应	多数位于正面中央，强调独立性和防御性
	使用空间排布次序	入口—厨房—天井—厅堂—卧室	入口—厅堂—卧室；入口—厅堂—楼体（厨房、卫生间）—（次厅堂）—卧室
	楼梯位置	位于天井之内、厅堂后部，或房间之内	常设置独立的楼梯间，多数位于厅堂后面
	采光通风	外观比较封闭，内部以天井为核心，厅堂比较明亮，房间较昏暗	一般不设天井，四周墙壁均开设窗户，厅堂与房间采光通风条件较好
	家庭成员分户布局	水平两侧分布	水平—竖向分布

创新三开间

居楼的建筑材料多是钢筋混凝土，因此结构坚固，多是通过外墙承重，房间开始采用不承重的隔墙来分隔，平面布局更加灵活多样。虽然总体上平面还是采用三间两廊的对称式布局，但是观念上有所创新，尤其表现在对底层平面的布局上。传统的居楼，厅所在的中心间开间较窄，进深较长，对于厅的采光和布置不利，因此这一时期主要是通过布局分隔的变化，使厅的使用更加合理化。

如瑞石楼首层通过把右侧一间卧室纳入厅内，使厅的范围扩大了；庆云楼底层则分为前后两部分，其中前侧全部作为厅使用。自力村云幻楼底层除了厨房外，其他全部作厅，用隔扇分隔房间，增强了空间使用效率。

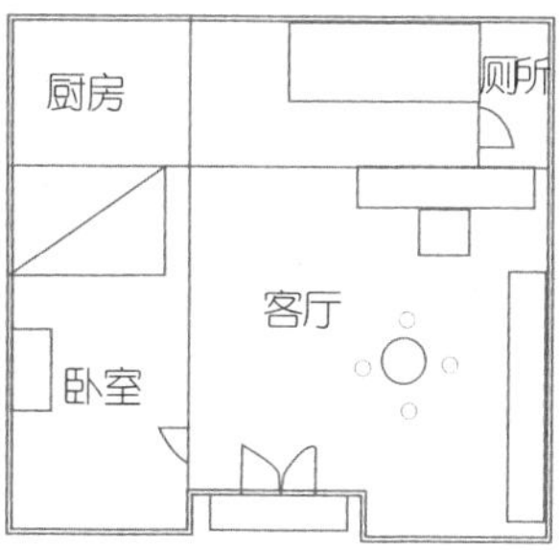

瑞石楼一层平面

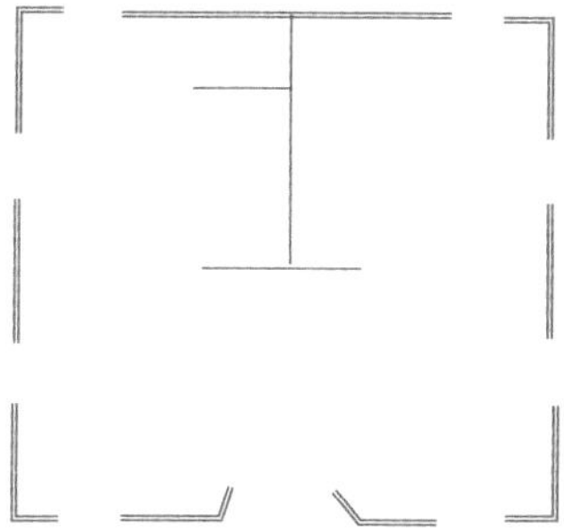

庆云楼一层平面

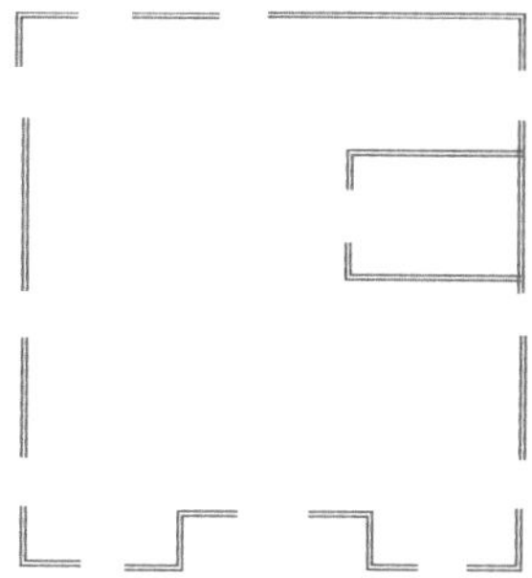

云幻楼一层平面

异形三开间

除了上述的几种情况外，开平当时还出现了在碉楼的基础上增加裙房的形式，称之为“裙式碉楼”。其平面布局通常是在碉楼的前部加建一座建筑，作为起居生活部分使用。

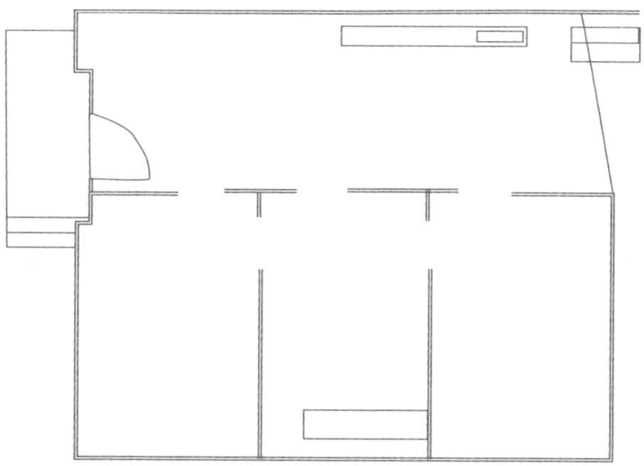

铭石楼裙房平面

碉楼的立面分析

开平现存的1800多座碉楼造型各异、千姿百态，外国建筑中的穹顶、山花、柱式等建筑式样成了开平碉楼最引人入胜的地方。

山花 山花是一种装饰，因外形是三角形的墙面而得名，大多位于碉楼正面的女儿墙或屋顶等位置，一般在碉楼顶部正面的中央位置，造型丰富。

匾额 匾额多出现在山花下面，牌匾上的题字为碉楼的名称，有时旁边会用小字记录碉楼修建的时间。

柱廊 柱廊多出现在带有挑台的碉楼上，起着楼身和屋顶之间的过渡作用，改良了碉楼的通风和采光条件。居楼柱廊的功能侧重于休息和观赏风景，而众人楼、更楼的柱廊侧重于瞭望、观察匪情之用。

券拱 券拱主要用于承重，也起着装饰作用。开平碉楼的券拱主要有仿古罗马的拱券、仿哥特式尖券等。

立柱 碉楼柱式的种类有很多，多为钢筋混凝土浇灌的仿石柱式，主要有爱奥尼柱式、科林斯柱式等。同一座碉楼上的柱式基本是一致的，个别碉楼也会采用不同柱式。

壁柱 壁柱即碉楼楼身的转角处，主要起装饰作用，有的居楼在壁柱上会装饰图案，与楼肩底部的托脚风格相配合。

大门 进入碉楼的大门大多位于首层正面的中间位置，也有少数位于一侧。大部分是双开门，门洞比较狭长，门扇多为钢板，厚度达5厘米，门后有多重门闩，防御力较强。

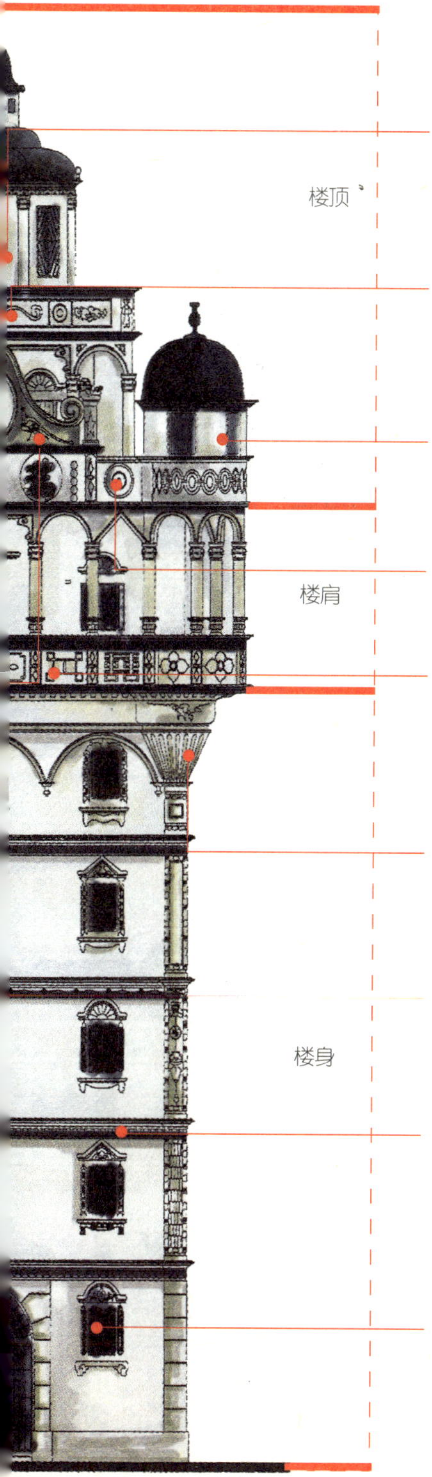

亭阁 亭阁多出现在楼顶中心位置，使整座碉楼的结构完整，为瞭望的人遮阳避雨提供了方便。

女儿墙 女儿墙即建筑物屋顶外围的矮墙，主要起维护安全的作用，也会在底处铺设防水层防止渗水或屋顶雨水漫流，对碉楼也起装饰作用。

防卫台（燕子窝） 碉楼四角一般都会建有悬挑的防卫台。防卫台有顶部开放的，也有施以拜占庭穹窿顶而封闭的。

射击孔 碉楼上开设的射击孔很多，有“0”、“丅”、“丄”、“丨”等形状。其断面形状多为梯形，外边开口小而里边大，有利于扩大观察的视野范围，并且不容易被敌人发现或被敌人的枪弹击中。

实墙栏板 将挑台边缘进行围合的栏板（栏杆），通常高0.8～1.2米，上面多有花鸟、卷草灰塑，在花纹间常有射击孔。

挑台 挑台即悬挑出的平台。挑台扩大了碉楼上部的使用面积，有利于实现瞭望的作用。很多碉楼的挑台上还有石块和各种武器，以抵御匪患。

托脚 碉楼的托脚多用在挑台与楼身墙面衔接的地方，主要起支撑的作用。传统式碉楼的托脚多为简单的矩形石雕，中西合璧式碉楼的托脚造型较精美，有很强的装饰性。

线脚 开平碉楼层与层的交接处通常装饰有线脚，使碉楼上下楼层联系起来，增加整体感。

窗户 碉楼的窗户一般都不大，为了增强防御性，多是内外两层，以铁板做外层窗扇，中间有钢筋柱防盗，内层是推拉式的木窗扇。普通的碉楼只有窗楣上有简单的线条装饰。

碉楼的立面造型

根据建筑外立面造型，可以将开平碉楼分为传统式、平台式、廊柱式、城堡式和混合式。

城堡式

城堡式碉楼比传统式和廊柱式碉楼要封闭，但是外观富于变化，给人一种内敛神秘而又威严、坚固的小型城堡的感觉。这种碉楼均为钢筋混凝土结构，楼体坚固且防御性好，墙体上窄小的射击孔使其富有生气。这种风格尤其以百合镇的中坚楼最为典型。

廊柱式

廊柱式碉楼的数量在开平碉楼中比较多，其典型特征是碉楼顶部有一层或两层的柱廊。柱廊融合了各种风格，但采用最多的是古罗马拱券。整齐排列的西式立柱与拱券结合，使碉楼上部呈半开敞状，显得典雅富贵。塘口镇以柱廊式碉楼为主。

传统式

传统式碉楼属于早期碉楼，楼体简洁，体量不大，整体封闭，上部一般没有挑台，四角会有凸出的角楼。传统式碉楼的外观绝大部分以中式传统建筑元素为主，墙体主要有砖墙、夯土墙或实墙，多分布在山区等偏远的地方。典型代表是开平现存的迎龙楼。

混合式

开平碉楼中单纯是传统式、平台式、廊柱式或城堡式的并不多，更多的是两种或多种造型的混合体。混合式碉楼造型复杂多变，装饰华丽。蚬冈镇是混合式碉楼比较集中的地方。

碉楼的屋顶造型

开平碉楼屋顶的形态开始多样化，不仅有围合空间的作用，还丰富了建筑的外观造型，成为判断碉楼风格形式的重要元素。

传统中式屋顶

早期碉楼多采用坡式硬山顶，屋顶多采用青瓦。清末民国时期出现了较多的中式传统建筑形式的屋顶，比如四角攒尖、六角攒尖，还有少部分的单檐庑殿顶。

中式屋顶

西式平台中央设置中式凉亭，这类凉亭的屋面通常用混凝土材料，建造成中式攒尖顶的形式，而屋面下部则可能采用西方古典柱式或拱券形式的围廊支撑。

亭阁式穹顶

很多碉楼常在西式平台上建造小巧的亭阁式穹顶，这类碉楼变化丰富，穹顶下部有些采用封闭的灯亭或塔楼形式；有些则采用古典的列柱围廊的形式；有些也会有柱式和拱券结合的券柱式。

平屋顶

平屋顶由于形体简洁、经济实用，因此在开平现存的碉楼中应用数量最多，分布也最广泛。简单的平屋顶楼身或者挑台上部即为平台，复杂的碉楼则可以做几层错层式平台，在顶层的平台中央会建造一些亭阁。

实体穹顶

实体穹顶指的是穹顶直接坐落在平屋面上的形式。其形式以半圆形穹顶居多，也有少部分矩形拱顶的形式。

⑤ 装饰

中西合璧 彰显个性

中西合璧的装饰是开平碉楼的重要装饰特征，外部装饰部位主要是门窗、柱廊、山花、女儿墙等。

墙面

很多精美的碉楼也会对墙面进行装饰，一般都是贴在墙面上的灰雕，主体多是民国时期的花纹。

门

开平碉楼的大门最多的是随墙式大门，即直接在楼身的墙壁上开设门洞，门楣上多有彩画、灰塑等装饰；有的碉楼在门的四周也装饰壁柱、拱券、三角形或圆形线脚等。

匾额

匾额常位于山花下面，或挑台的实体栏板正中央。造型、构图与山花相结合，形成中西合璧的风格。

照壁

有的碉楼因风水原因，在楼前正对大门的地方设置一道照壁，其上一般没有装饰。

窗

窗楣是窗户装饰的重点，有简单的直线型，也有做成等腰三角形、圆弧等几何形状的装饰，有的碉楼为了避免图案的重复，各楼层使用不同造型的窗楣。

托脚

托脚虽小，但是作用不容小觑。对这一小小细节做装饰的碉楼也不在少数，有简单的牛腿托脚，更有用西方华丽的柱头装饰作为托脚的。

围栏

围栏有实墙栏板和通透栏板两种造型风格。实墙栏板多为混凝土结构，外侧进行了各种精细的细部处理，比如楼名匾额、中国传统吉祥图案、几何图形等，增加了碉楼的装饰性。通透栏板即栏杆，栏杆多采用宝瓶、细柱形状等，内外通透、价低实用。

立柱

碉楼的柱式的种类有很多，主要有古希腊的爱奥尼柱式、科林斯柱式，以及古罗马的塔斯干柱式和复合柱式。有的碉楼会在立柱的柱头和柱脚进行装饰。

柱廊

碉楼的柱廊多由挑台、围栏、立柱和拱券组成，有单面柱廊、双面柱廊、三面柱廊和四面柱廊。柱廊结合了多种建筑风格，是整个碉楼装饰中最出彩的部分。

自力村碉楼群

陇上的华堂

自力村坐落在开平市塘口镇，村内环境优美，水塘、荷塘散布其间，与15座美轮美奂的碉楼相映成趣，构成一道奇特而美丽的景观。

自力村碉楼群是开平碉楼的代表，碉楼较为集中，建筑造型精美，保存完好，布局和谐，错落有致，四周良田万顷，稻香阵阵。踏着田间小路，穿过绿树修竹，在自力村中行走，静谧中充满了恬淡的诗意，拾级而上，穿梭在华丽的别墅中，更如置身帝国，不经意间像是走进了古老的时光隧道。

自力村碉楼群名片

头衔：世界文化遗产、国家重点文物保护单位、中国历史文化名村

位置：广东省开平市塘口镇自力村

门票：60元，立园、自力村、马降龙、锦江里、赤坎影视城、南楼6景点通票180元

电话：0750-2679788（开平碉楼公司）

网址：http://www.kptour.com/index.htm

溯源

自力村位于潭江支流镇海水河西岸的冲积平原，由安和里（俗称犁头咀）、合安里（俗称新村）和永安里（俗称黄泥岭）三个方姓自然村组成。最初建村的是犁头咀，于清道光十七年(1837年)开村，因地形像犁头而得名；永安里几户则是从升平行政村下属的自然村黄村迁来的；合安里于清光绪三十一年(1905年)建村。新中国建立后的土改时期，三村合称“自力村”，是“自食其力”的意思。

立村之初，该地只有两间民居，周围都是农田，后来陆续兴建了一些民居。鸦片战争后，人民生活困苦，当地有很多人离乡背井，到国外谋生，开始旅居海外。他们赚了钱，便纷纷回来购田置业，然后又返回国外，如此循环往复。20世纪20年代，当地土匪猖獗、洪涝频繁，海外侨胞为保护家乡亲人的生命财产安全，在自力村后的开阔地带陆续兴建了

▲耀光别墅

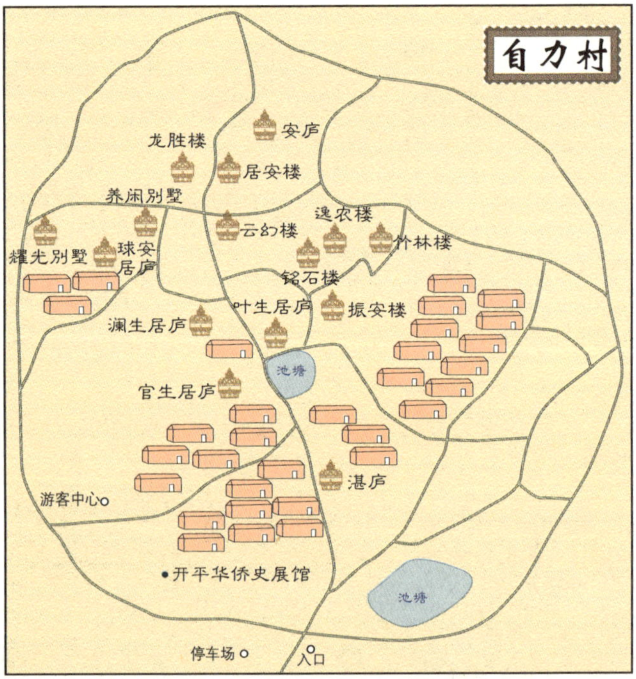

自力村全景

15座风格各异、造型精美的碉楼。

自力村是碉楼群落保存较完整的村落。2007年，自力村碉楼群成为世界文化遗产地之一，后作为电影《让子弹飞》的主要外景地而名扬四海。

布局

从地图上看，自力村形似一只桃子，由东向西，依次为永安里、合安里、安和里。15座碉楼主要集中在自力村的中部和北部，坐落在自力村的田间，一目了然。这15座碉楼分别为：龙胜楼（碉楼，1917年）、养闲别墅（碉楼，1919年）、球安居庐（居庐，1920年）、云幻楼（碉楼，1921年）、居安楼（碉楼，1922年）、耀光别墅（居庐，1923年）、竹林楼（碉楼，1924年）、振安楼（碉楼，1924年）、铭石楼（碉楼，1925年）、安庐（碉楼，1926年）、逸农楼（碉楼、1929年）、叶生居庐（居庐，1930年）、官生居庐（居庐，1934年）、澜生居庐（居庐，1935年）、湛庐（居庐，1948年）。龙胜楼、居安楼、云幻楼、铭石楼、逸农楼、竹林楼、振安楼等九座碉楼矗立在永安里、合安里之间，碉楼之间穿插着六座庐，形成了碉楼群。

目前，自力村里的铭石楼、云幻楼和叶生居庐这三座比较著名的碉楼允许游人登楼参观。叶生居庐是一栋美轮美奂的别墅，门前是水塘，二小一大的三个池塘使它更显风情万种。其他的碉楼如养闲别墅、耀光别墅和球安居庐等也都很有特色。养闲别墅建在一个高墩上，四周都是水田，门前有一个为风水而建的照壁。1920年，楼主方文济为了保护家人建了这座碉楼。耀光别墅和球安居庐在自力村的西部，都是三层，像是孪生兄弟，在一片民居中是一道独特的风景。球安居庐的楼主是方富球，耀光别墅的主人是方富耀，都是美国华侨。

自力村碉楼建筑风格多样，很多带有西方建筑特色，

自力村全景

有柱廊式、平台式、城堡式的，也有混合式的，如养闲别墅、云幻楼、振安楼就是简明大方的平台式碉楼，而居安楼、竹林楼则是典雅富贵的廊柱式碉楼。竹林楼是一座单面柱廊式碉楼，其独特之处在于单面挑台的长度大于碉楼正面的宽度，也大于圆拱券和方柱组成的柱廊的宽度，突出于楼身之外，而方柱与挑台的实体栏板交融在一起，使挑台与楼身融为一体。

由于碉楼的楼主很多都是华侨，所以建造碉楼的铁枝、铁板、水泥等建筑材料很多都是是从外国进口的，但是湛庐所使用的水泥就不是进口的“红毛泥”，而是广州生产的，使用的砖也是楼冈生产的。湛庐的墙体是内外砌砖，中间灌注水泥和碎砖块混合成的混凝土，房梁中间使用钢筋，用了四个月建成。

解说 自力村的碉楼分防御型碉楼和居住型碉楼，居住型碉楼在当地称之为居庐。碉楼和居庐风格相似，碉楼的楼身高大，多为四层以上，墙体厚实，门、窗皆为较厚的铁板所制，主要用于防盗；居庐为别墅式民居，不是很高，门窗开敞通风，主要用于生活和居住。

铭石楼门楣

铭石楼山花背面

精品建筑 铭石楼

风雅华堂

铭石楼位于村子的中北部，它可以说是自力村最豪华、最精美的碉楼，是旅居美国芝加哥的华侨方润文于民国十四年（1925年）回乡修建的。自力村目前对游人开放、可以进入参观的碉楼有三座，铭石楼便是其中之一。它是集防御功能和舒适居住功能于一体的居住型碉楼，其建筑造型十分华丽，墙上有很多精美的浮雕和装饰，内部陈设也是豪华且充满西式风格。铭石楼也是电影《让子弹飞》中“黄四郎”的“家”。

铭石楼为钢筋混凝土结构，有围墙围合成的院落，用地面积600平方米，建筑有主楼和裙房两部分组成，裙房在前成倒座，主楼坐北朝南在裙房后面，院落的入口在两者之间

逸农楼与铭石楼

♻铭石楼

的西侧。独成院落，占地面积113.7平方米，建筑面积570.05平方米（其中裙房面积67.39平方米），主楼共6层，高22.61米，属廊柱式碉楼。

入院内，主楼坐落在院内左侧台地上，右侧是裙房，是放置农具的厢房和佣人使用的厨房。主楼大门口的对联上写着“共和构造，世德流传”。主楼首层主要为会客厅，两侧为卧室，楼梯间位于客厅后侧，卫生间和厨房分别在楼梯间两侧。正厅正中悬挂着楼主方润文和他的三个太太的照片。楼主人方润文西装革履，居于正中，一派绅士行头；右边是大太太吴氏的照片，她穿一件清式对襟绣花长袖衣，俨然是一位循规蹈矩、持家有方的旧式主妇形象；再右边是二太太梁氏，她是香港人，穿一件短袖的碎花旗袍，戴着眼镜，梳

龍來千里遠
寶聚四時豐
地主龍神

铭石楼一楼正厅

着当时流行的卷曲发式；方润文的左边是三太太杨氏，她来自美国，却是位中法混血儿，穿着连衣裙，格外时尚。四张照片收在红木框内，内沿是常见的中式镂空雕饰，花鸟图案栩栩如生。客厅两侧摆放着做工精美的隔扇和彩色玻璃画，还有进口的落地大钟和暖水瓶等生活用品以及中式的柚木家具，梳妆台上摆放的进口香水，体现了楼主人当年传统与开放并存的生活场景。左厢房是大太太吴氏的卧室，摆设有一张床，一个梳妆台。

二层、三层分别是在家的大儿子、二儿子夫妇的住房，房间面积、布局都是统一规格：会客厅居中，两边分别为一间主人房及两个客房，并配套书房、卫生间、厨房等，以示同等对待。这种居住方式实际上是将已经分家的儿子又聚集在一起，形成分户不分家的新家庭居住方式，父母仍然是这个家庭的中心，延续着传统的尊老美德。三楼厅堂的摆设极少，只是窗户旁摆有一张不大的长方形可以拆收的木桌。木桌旁是一把舒适的真皮摇椅。桌子上有一台进口的如同一朵盛开的喇叭花似的手摇留声机，至今还能放出声音。

四层也为居室，陈设简洁而西式化。1948年，70岁的方润文在美国病逝，三太太扶灵回乡安葬，当时就住在第四层。

五层是祭祖的场所，是碉楼人家最深层的信仰世界。由于开平当地有“祭台之上不准有房”的说法，因此祭祀祖先的神龛从底层客厅移到五层中央。这是一个典型的中国传统式神龛，当地人称为“伯公”，周边镶嵌着金漆木雕，雕刻着表示吉祥的龙、凤、麒麟、喜鹊，代表长寿的鹤和鹿等，以及象征文人气息的竹、兰、梅、菊与传统儒生修养的琴、棋、书、画。神龛里供奉的主要是人神（列祖列宗），也有自然神（孔雀公主）、宗教神（观音菩萨）等，体现了中国人多神崇拜的宗教观念。

五楼前部是宽广的敞廊，廊柱的柱式仿罗马的爱奥尼风格，同时在四角处设悬挑的半封闭圆形防卫台，因远远看去如同檐下燕子筑的巢，得名“燕子窝”。楼顶的四角部位每个角内开设三个向前的射击孔和两个向下的射击孔，20个射击孔可以全方位地进行防御。这样布局不仅考虑到建筑的防御功能，而且空间造型丰富美观，廊下空间也成为休息的好去处。

六层天台正前方是巴洛克风格的山花，天台正中建有一个六角琉璃瓦攒尖凉亭，六根罗马柱托着一座中国园林式

铭石楼“燕子窝”

铭石楼凉亭

铭石楼射击口

云幻楼楼顶

的亭阁，绿色的琉璃瓦顶与西式的立柱、拱顶巧妙结合在一起。站在楼顶俯瞰，村落、田园、民居和碉楼尽收眼底。

1953年的某一天，方家全家突然离开，分别到了香港和美国。离开时，方家人走得匆忙而且悄无声息，只带了随身细软，以至于半个世纪后，碉楼内的物件都还保持着原样。碉楼内丰富而有趣的家具、生活设施、生产用具和日常生活用品，还有华侨书信、书籍、外国报纸杂志、家族刊物、地契、村落股份章程、学生日记、账簿、侨汇单据、老照片等文献资料，直接见证了当时的乡村文化与生活，是研究华侨史的宝库，可以说铭石楼是一座完整的华侨家庭博物馆。

解说 邮轮招贴画

铭石楼里有一张十分陈旧的装在镜框里面的招贴画，画中是一艘正在航行中、看上去非常豪华的邮轮，邮轮的名字是柯立芝总统号。邮轮的前桅杆上挂着过去的“中华民国”的国旗，后桅杆上是美国的国旗，船体中间的两个黑色大烟囱上十分醒目地画着两个硕大无比的美元符号。也许楼主方润文就是乘坐这艘邮轮回到阔别已久的家乡，多少艰辛的创业终于有了结果，最终荣归故里。

精品建筑 云幻楼

只谈风月

云幻楼，位于铭石楼的西北角，是自力村另一个对游客开放的碉楼。楼高5层，共18.88米，钢筋混凝土结构，占地面积1548平方米，建筑面积342.86平方米，是旅居马来西亚的华侨方文娴于民国十年（1921年）亲自回乡操持建筑的居楼。方文娴在建造云幻楼时可谓花尽心思，除了沙、石以外，几乎所有材料都是从国外进口的。

云幻楼是自力村建造较早的碉楼，整体建筑比铭石楼小得多，碉楼造型比较简约，中下部居住层每层的线脚和西式的窗楣给素雅的楼体带来了一些变化。

秋天的自力村

◎云幻楼

◎楼顶

云幻楼的门前、屋后都有一大片空地，周围用水泥围墙围起来，院墙有独立的小院。入院门口前有若干级阶梯，台基高，左右两旁的护栏为绿釉宝瓶的栏柱，正门前的立柱采用巴洛克样式。大门口写着“淑气临门，春风及第”。

云幻楼外部造型和装饰带有西方文化的特征，但是楼内还是传统的中式家居生活氛围。一层是方文娴的妻子黄氏的卧室和客厅；二、三层分别由两个儿子居住；四层也是居住层，留给以后的儿子使用。

五层是一个带柱廊的平台，房间内供奉着祖先的神牌，设有金箔神龛。柱廊正中的门匾书写着一副50字的长对联：“云龙凤虎，际会常怀，怎奈壮志未酬，只赢得湖海生涯空山岁月；幻影昙花，身世如梦，何妨豪情自放，无负此阳春烟景大块文章”，落款是“云幻楼主人自提”，横批“只谈风月”。对联书法潇洒飘逸，抒发了楼主些许昙花一世、壮志未酬的感慨，也似乎赋予了这建筑以人性，让这碉楼也像人那般知晓人间岁月的无数辛酸。走出拱券门廊是敞开的平台，平台前面两角有向外悬挑的方形防卫台，其墙壁上有防御用的射击孔。两个防卫台中间的实心栏板正中是写有楼名的牌匾，牌匾左右对称分布着圆形花卉图案和卷草纹式样的灰塑图案。

云幻楼屋顶是四周有宝瓶式栏杆的平顶天台，天台上的巴洛克山花装饰和五层的拱券门廊上下连接，中间有一块长条形的牌匾，上面用小字刻着云幻楼的建造时间。

关于云幻楼的建成还有一段故事。方文娴原本是私塾先生，开平俗话说“唔穷唔教书（不穷不做私塾先生）”。方

安庐与居安楼

文娴本来就体弱，不能从事田间劳动，生活贫困。后来他和村里裹足的女人关凤娣结婚。婚后育有三个儿子，生活更加艰难。方文娴思前想后，无奈之下，他决定去“南洋州府”谋求出路。后来，在马来西亚开办了一间“裕生源”商行。一番拼搏之后，生意越做越大。方文娴有钱之后，首先想到的是在香港给老婆买一间房子，让她安居，可是关凤娣坚决要把房子建在家乡，否则哪里都不去。方文娴没有办法，只有把房子建在家乡，如此便有了自力村的“云幻楼”。

云幻楼在抗战期间是村民的避难所。一次，日军入村扫荡，村民登楼避难。因楼身坚固，日军无法进入，结果空手而回，村民都逃过一劫。现在看管这座碉楼的是方文娴的长孙媳妇方陈齐桂，楼内还完整地保存着方文娴及其妻儿们使用过的生产和生活用具。

碉楼内部

解说 葫芦瓶和熨斗

云幻楼内遗存的旧物不多，但是有两件物品比较特别。一件是竹编葫芦瓶，是当地的特产。用细竹丝在掏空的葫芦外面编制上一个随形的套子，既好看又可以防止葫芦破损。外出时，盛放茶、酒或其他饮料，不但可以保持所携带饮品的口味，还有很好的保温性能，冷暖皆宜。

还有一件是熨衣服的熨斗。这个熨斗不同于普通的电熨斗，而是烧炭的熨斗，体形较大，外观发黑，质地粗糙，但是底托的造型却十分精致。熨斗是木制手柄，主体中空，用来放炭，后部开有一个圆孔。

叶生居庐

龙胜楼

精品建筑 龙胜楼

叶落归根之所

龙胜楼大门

云幻楼的后门边，是龙胜楼。龙胜楼建于1917年，是自力村兴建最早的碉楼，由方文龙、方文胜兄弟二人合建，此楼名各取一字。方文龙和方文胜的父亲在美国开了一家洗衣店，后来兄弟二人也远渡重洋寻找父亲。在美国立足后，兄弟二人于1917年回到家乡建造了这座龙胜楼。可是房子建成后，兄弟二人一直没有居住，直到30年后的1947年，头发花白的方文龙才回到自力村，回到了龙胜楼，70多岁时离开人世。遗憾的是，弟弟方文胜一直没有住过龙胜楼。

龙胜楼共3层，为砖木结构，**方形的建筑没有受到外来因素的影响，建筑风格比较原始和传统，代表了开平碉楼的早期形态**。楼身装饰减少，只是在一层大门周围有一些简单的门楣装饰。三层与上面的檐式挑台之间用托脚支撑住，每一个墙面都有四个托脚，而每一个墙面拐角处也有一个斜向45度的托脚。

如今，主人家已离开自力村，龙胜楼也是大门紧锁，虽历经90多年的风风雨雨，门楣上的一只大雕装饰却依然栩栩如生。

龙胜楼门楣灰雕

碉楼大门的门楣常用彩画、灰塑等作装饰，题材多为中式的龙、凤、蝙蝠、金钱、喜鹊、莲鱼等富贵吉祥的图案。许多碉楼的大门也常用壁柱、拱券、三角形和圆形线脚，以呼应碉楼整体的西方建筑风格。大门两边也常雕刻出对联，以表达楼主的人生观点或者与碉楼的楼名呼应。

解说 开平碉楼无论是檐式挑台还是防卫台，都离不开“托脚”的支撑，有的碉楼大门口的屋檐下也会有托脚。托脚虽然很小，但是作用不可低估，且形态也是经过设计者精心考虑和推敲的。传统碉楼偶尔出现的挑台，其托脚是简单的矩形；而中西合璧碉楼的托脚造型较为丰富，有简单的牛腿托脚，更有使用西方华丽的柱头装饰作为托脚的。

攻略 INFO

交通

1.租车：自力村距离开平市区不远，出租车价格也不高。

2.公交：在义祠汽车站，每天都有发往马冈的乡镇班车，20分钟一班，在自力村路口下车，步行约1200米即可到达景区大门口。

3.自驾：走佛开高速(开阳高速、G325)，在塘口收费站下高速，后上X555，南行约2.5千米，过飞鹅山左转后行驶1000米即到，路口有指示标牌。

餐饮

在自力村里面的方家碉楼农家饭馆，可以品尝地道的黄鳝饭和芥蓝炒鸡杂，农家味十足。另外还有自力村农家饭庄和侨邑农家庄。

最佳游季

每年的3月到4月都是自力村油菜花盛开的时间，大片大片金色的油菜花映衬着这精美的碉楼，别有一番味道。

住宿

开平市酒店林立，丰俭由人。五星级酒店每间房每天约400元，四星级酒店约300元，三星级酒店约100到200元。

开平市区的开平海伦堡大酒店（开平市三江大道1号），布局和设计都有碉楼和古堡的特色，环境和设施都不错，而且距离自力村比较近。另外还有开平花园酒店（长沙幕桥西路28号）、开平三埠金徽酒店（三埠镇开华路39号）等。

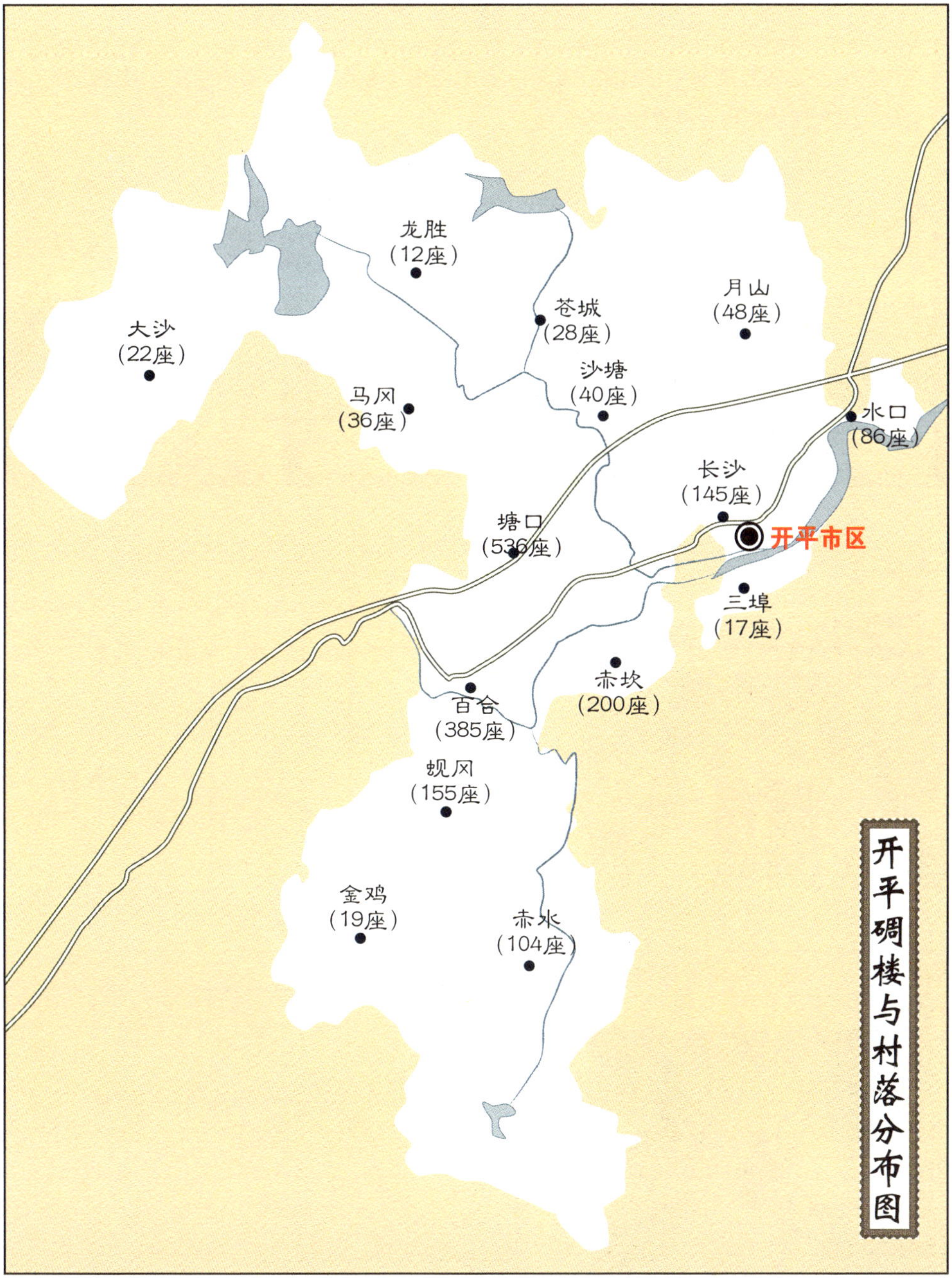
龙胜
(12座)
苍城
(28座)
月山
(48座)
大沙
(22座)
沙塘
(40座)
马冈
(36座)
水口
(86座)
长沙
(145座)
塘口
(536座)
开平市区
三埠
(17座)
赤坎
(200座)
百合
(385座)
蚬冈
(155座)
金鸡
(19座)
赤水
(104座)
开平碉楼与村落分布图

专题 铭石楼的平面分析

铭石楼一到四层的房屋布局基本相似。首层主要为会客厅，两侧为卧室，楼梯间位于客厅后侧，卫生间和厨房分别在楼梯间两侧。

卫生间 铭石楼的一到四层都配有卫生间。

客厅 两侧摆放着做工精美的实木家具。

正厅 正中悬挂着楼主方润文和他的三个太太的相片。红木作框，内沿镶嵌花鸟镂空雕饰。

入院大门 双开大门，门洞不大，门楣上装饰着精美的花鸟图案。

裙房 入院内，右侧即裙房，是放置农具的厢房和佣人使用的厨房。

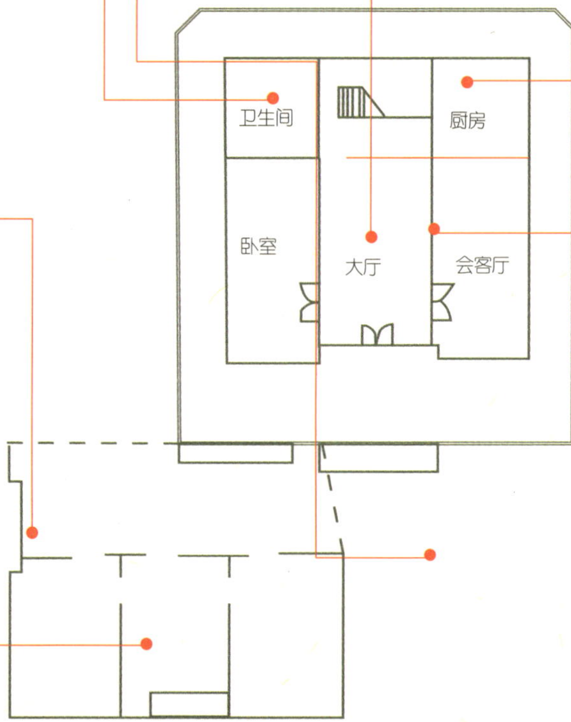

厨房 铭石楼一到四层，每一层都有独立的厨房，如果发生洪涝灾害，碉楼底下一层被水淹了，可以逃到上一层，继续生火做饭。厨房内部还保留着传统的中国厨房设置。

神龛 典型的中国传统式神龛，周边镶嵌着金漆木雕，雕刻着表示吉祥和长寿的动物等，非常气派。

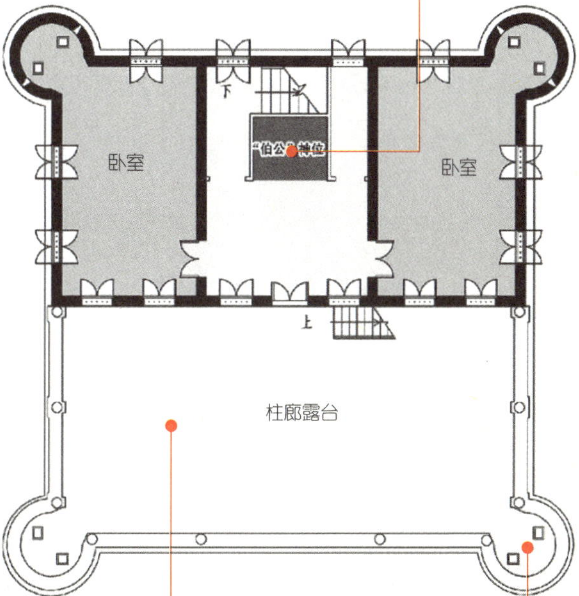

屏风 大厅两厢的屏风各有九扇，上面镶嵌着意大利进口的彩色玻璃，屏风上有十多幅诗配画，如"月明华屋，玉壶春，在山泉水清，草盛豆苗稀，白日依山尽，闻多素心人，忽闻水上琵琶声"等。

敞廊 五楼前部是宽广的敞廊，廊柱的柱式为仿罗马的爱奥立克风格。敞廊可以改善室内通风和采光，同时使碉楼的空间造型更加丰富美观。

燕子窝 前端两角悬挑的半封闭圆形燕子窝和后端两角的封闭燕子窝，每个燕子窝内开设三个向前的射击孔和两个向下的射击孔。

方氏灯楼

戴着拜占庭式“头盔”的哨兵

开平市塘口墟北面山坡上静静地立着一座高高的碉楼，名为“方氏灯楼”。

一片空旷的麦田里，灯楼与附近几棵高瘦的树木立于辽阔的天地中，远远看去，像是一个头戴着拜占庭式钢盔的哨兵，坚定地守卫着村落的安宁；又仿佛麦田中的守望者，在诉说着曾经辉煌的过去。

时光流逝，灯楼周边村落的人们一个个老去，埋在灯楼边的山岗上。漂泊异乡的游子，临终前也交代亲人一定把骨灰带回故里。年复一年，灯楼周边已有坟茔一千余座。灯楼依旧在，只是夕阳红，夕阳里的灯楼，孑然静立，凝固成一道凄美的风景……

方氏灯楼名片

头衔：世界文化遗产、全国重点文物保护单位

位置：广东省开平市塘口镇塘口墟北面第三山

门票：免费

电话：0750-2679788（开平碉楼公司）

溯源

方氏灯楼建于1920年，原名“古溪楼”，因其坐落的山岗旁有一古溪水环绕而过而得名，后来因为楼顶的探照灯很亮，能清晰地照射到来犯的贼匪，因而被称为“灯楼”。又因为它是古宅乡的强亚村和宅群村两村的方氏家族成员因共同防御的需要共同出资建造的，故称为“方氏灯楼”。

建造该灯楼的目的主要是防卫马冈土塘一带的土匪。在20世纪二三十年代，马冈土塘有一个土匪窝，土匪四处烧杀抢掠，无恶不作，因此，古宅乡各村村民纷纷携手搞联防。村民们经过仔细考察，选择了地势较高的第三山作为联防的重要据点。这里山丘高突，居高临下，可以环顾四周，易于防守，而且树木较少，目标容易暴露，因而很多村民建议在山上建一座坚固的碉楼。然而建楼需要大量的资金，经过商议，大家决定集资建造。于1920年2月动工建楼，当年10月竣工。

方氏灯楼是开平更楼的典型建筑，为古宅乡的方氏民众防备土匪袭击起到了积极的预警和防卫作用。

方氏灯楼全景

布局

方氏灯楼位于自力村村南1.5千米的山坡上，混凝土结构，占地面积20.25平方米，建筑面积110.77平方米，共五层，建筑总高度20.19米，钢筋混凝土结构。一至三层是标准层：首层是厨房和发电机房，为楼顶的探照灯提供电力；第二、三层为放哨的民团队员的休息间。第四层为挑台敞廊，柱廊结构，12个托脚出挑平台，四面悬挑0.7米，开敞通透。第五层为西洋式穹窿顶的亭阁，类似拜占庭风格，亭阁顶部竖立1.66米高的塔刹。

方氏灯楼特写

方氏灯楼是方形立柱建筑，各边宽度均为4.5米，东、南、西、北四立面每层开一窗户，窗洞尺寸较小，宽60厘米，高90厘米，首层窗台高度较高，约为2.38米；墙厚30厘米，墙面简洁，基本没有装饰。灯楼每层建筑面积20.25平方米，因为灯楼主要用于防御，不作居住用，所以一至五层均为一个开间，没有进行功能划分。为进一步增加楼体高度以加强防御力，除层数较多外，每层层高也较高，首层为3.8米，第二、三层均为3.6米。

看点一 完善的防御工事

方式灯楼的楼体造型主要突出防御功能，中下部开小窗，装饰有西式门楣，封闭坚实。

方氏灯楼的防御工事十分完善，各层墙体和平台均设有“T”形射击孔，用于架放枪支防御贼匪。楼内配有从德国进口的发电机、探照灯、报警器，同时还配套有较先进的枪械，如七九枪 、毛瑟枪 ，以及两柄从美国购进的马枪。由相邻几村共同组建负责守卫的民团队，队员从各村的青壮年男性中抽调，日夜轮班守卫，警防土匪。

一旦有匪情，楼顶的高强探照灯便射向土匪来袭的方向，队员们便架枪射击，并开启报警器通知邻近村民，让村

碉楼射击口

民有足够时间躲进碉楼，并震慑土匪。据当地老人回忆，当年方氏灯楼上的预警器发出的警报声可以传到几千米之外，可惜预警装置在大炼钢铁的年代被毁了。

有一个广为流传的小故事，充分说明了方氏灯楼当时在抵御土匪中发挥的作用。

一天晚上，下了一场倾盆大雨，天色昏暗，宅群乡周围一片寂静。人们大多关门待在家里，以为平淡的一天快过去了。负责巡逻宅群一带的十多个队员像往常一样聚集在灯楼里。忽然，放哨的队员发现北面的山脚下，有五六条黑影在慢慢移动。队员马上示意同伴打亮探照灯。呵，那伙人头上戴着斗笠，肩上似乎挑着很重的东西，一脚深一脚浅地朝塘口圩方向走去，还不时地回头望望。莫非又是土塘那一帮狗贼？警觉的队员立即喝令他们停下来，接着几个人手拿武器冲了下来。然而那伙人在强烈的灯光照射下，仍然若无其事地走自己的路。

“干什么的？”队员上前盘问。

“刚收割完稻谷。”来人说。

“下这么大的雨，怎么能收割？搜查！”队员厉声说。

那一帮人慌了，急忙把其中一只箩倒过来，“哗啦啦”，原来箩上放的是稻谷，下面却都是武器。

“不许动！”队员们早有防备，不容他们反抗，立即把枪对准了他们的脑袋。队员们命令他们把所有的东西挑上灯楼，听候审问。

原来，这一帮人真的是土塘的土匪，准备趁着刚下完大雨的大好时机，到塘口圩的一户富裕人家抢劫。因为要经过方氏灯楼，他们担心全副武装，会被灯楼的团防发现，于是在塘口四周偷割了稻谷，把枪支盖住，打扮成农民，想瞒天过海，谁知还是栽在警觉的团防队队员的手中。后来，队员们严惩了这些土匪，并把稻谷退还给被盗的农民。

以后，土匪再也不敢轻举妄动了。方氏灯楼就这样一直为确保宅群一带乡民的安全发挥着巨大作用。

看点二 考量周全的选址

更楼多建在村口或村落外的土岗上、河岸边、交通要道上或者田野中，高耸挺立，是周边村落联防需要的产物。方氏灯楼建在汤口镇北面的小山坡上，四周平敞，山脚有一洼池塘。登楼俯视，视野开阔，一目了然。在那个动荡的年代，有了这个灯楼，前来抢夺财物的土匪无处遁藏。

灯楼之下，是一座挨一座的坟冢，至少有几百座，有阔绰的椅子坟，有简单的牌子墓。当地的乡民们笃信风水，认为这地方是难得的佳城宝地，人们便在此筑坟建墓。长眠于此的故人，有终年居此的村民，也有海外归乡的游子，更有客死他乡、家人千里迢迢将其骨灰送回故里安葬的人。

每年四月初，方式灯楼附近就有村民开始“拜山”。拜山，就是扫墓，但是比扫墓恭敬，形式上也更为隆重。清明前后，连续几天会陆续有一家或一个家族的人，抬着以烤全猪为主的多种供品，成群结队地来到附近的坟冢边祭拜。

由于方氏灯楼特殊的选址，整座灯楼看起来典雅秀美，亭亭玉立，渐渐成为周边乡村的景观中心。近几年，方氏灯楼很受摄影人士的喜欢。每天的清晨和黄昏，灯楼附近都会聚集很多摄影爱好者。据了解，方氏灯楼的最佳摄影点在强亚管区，而沐浴在夕阳下的方氏灯楼最为吸引人，因此傍晚5：30至7：30是摄影爱好者最多的时候。

攻略 INFO

交通

1.公交：在开平市区义祠客运站乘坐发往马冈方向的班车，在自力村路口下车，就能看见方氏灯楼。

2.自驾游：深圳方向，广深高速—虎门高速(经虎门大桥)—京珠高速东线—中江高速—江鹤高速—佛开高速(开阳高速)—塘口出口；广州方向，广佛高速—佛开高速(开阳高速)—塘口出口；珠海、中山方向：江珠高速—江鹤高速—佛开高速(开阳高速)—塘口出口。塘口收费站下高速后上南行约2.5千米，过飞鹅山左转后行驶1000米即到，路口有指示标牌。

食宿

可以到附近自力村的农家菜馆品尝当地农家菜。住宿推荐去开平市区，开平市酒店林立，丰俭由人。五星级酒店每间房每天约400元，四星级酒店约300元，三星级酒店约100到200元。另外还有开平花园酒店（长沙幕桥西路28号）、开平三埠金徽酒店（三埠镇开华路39号）等。

专题 方氏灯楼立面分析

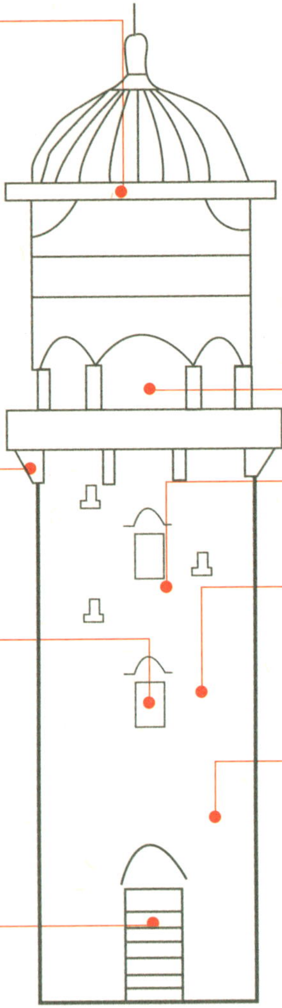

第5层 西式的拜占庭风格的穹窿顶亭阁，亭阁顶部竖立着1.66米高的塔刹，远远看去，像一个带着头盔的士兵。

托脚 下部三层的方形的楼体由12个托脚过渡到上部的四、五层。

窗户 方式灯楼的楼体造型主要突出防御功能，四立面每层开一窗户，装饰简单线条式西式门楣，窗洞尺寸较小，宽60厘米，高90厘米，首层窗台高度较高，约为2.38米。

第1层 厨房和发电机房，配有从德国进口的发电机，为楼顶的探照灯提供电力。还有在当时较先进的枪械，如七九枪、毛瑟枪。

第4层 挑台敞廊，柱廊结构，四面悬挑0.7米，用于瞭望。由相邻几村共同组建负责守卫的民团队，队员从各村的青壮年男性中抽调，日夜轮班守卫，警防土匪。

第2、3层 放哨的民团队员的休息间。

射击孔 各层各面均设有“T”或“丨”型射击孔，用于架放枪支防御贼匪。

楼身 方形立柱建筑，各边宽度均为4.5米，每层建筑面积20.25平方米。墙厚30厘米，墙面简洁。首层为3.8米，第二、三层均为3.6米。

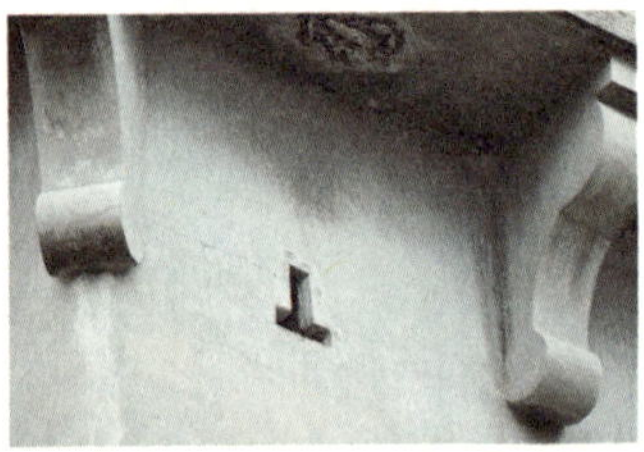

专题 开平碉楼的分类

开平碉楼数目众多，分类标准也较多。如果按照使用功能分，大致可以分为闸楼、更楼、众楼、居楼。

更楼

更楼，多位于村落外的土岗上、交通要道上或者田野中，一般是由相邻村落共同出资建设，用于村落的共同防御。更楼顶层常有照射来犯的贼匪探照灯，因此又名“灯楼”。更楼防御范围比闸楼广，建筑高度也比闸楼高。灯楼楼高一般4～5层，檐口高度14～16米。典型代表是自力村的方氏灯楼。

众楼

众楼，又名“众人楼”，即合众人之力建造而成的碉楼，是村落中的集体防御工事。众楼平时不用于居住，只是在夜晚用来集体临时躲避来犯的贼匪，楼内每天都有人员值班，管理比较严格，楼体造型朴实，基本没有装饰，室内陈设也较简单。典型代表有天禄楼等。

居楼

居楼是集防御功能和居住功能于一体的居住型碉楼。楼体高大，一般有4～6层，建筑造型讲究，装饰豪华，采用较多浮雕和装饰。居楼的户型平面体现出了居住建筑的特点：楼层宽敞，会客厅、厨房、卫生间、主人房、客房、书房等一应俱全。例如瑞石楼、铭石楼等。

闸楼

闸楼，又称“门楼”，多位于村落入口处，控制进出村落的交通要道，既有放哨、看守的功能，又有防御功能。闸楼多是由一个村子建成，多处于本村的村头或村尾等入村必经之路的入口处。闸楼的建筑体量较小，一般楼高2～3层，檐口高度8～9m。例如，马降龙庆临村的南楼和北楼等。

开平碉庄

原汁原味 百年沧桑

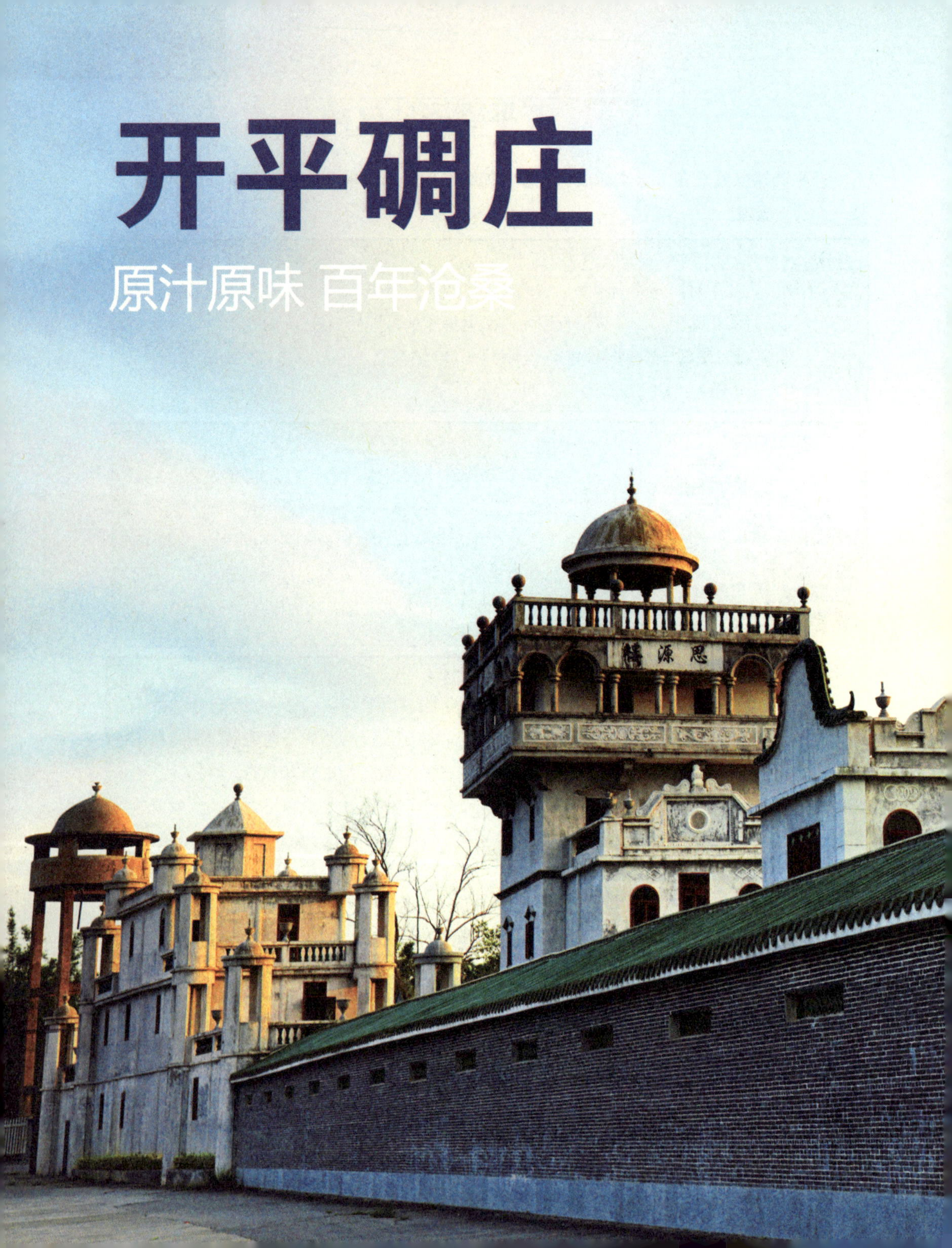

移步异景，景景相连，景在人中，人在景中。这大概是游览碉庄时最美的感受。精致的园林景观、田园风光、祠堂、民间技艺、古碉碉楼微缩景区、古镇风情街、岭南水道、练武场、花园、假山小筑，让人仿佛置身于一幅精美画卷中。

亭台楼阁、小桥流水、参天古树将景区内各个建筑自然衔接，更多了一分韵味。并且大量运用砖雕、灰雕、石雕、木雕及陶塑等传统工艺，更有能工巧匠绘制的大量民间壁画，具有极高的艺术价值。

开平碉庄名片

位置：广东省开平市塘口镇，离自力村200米

门票：50元

开平碉庄一角

宣文楼

圣神殿祠堂

溯源

开平在清末兴起建造碉楼的热潮，开平碉庄是一个集中展示开平侨乡碉楼、美食、民间艺术等的地方。

布局

塘口镇四面环山，碉庄位于其内，景区占地约4公顷，由碉楼、祠堂、古镇风情街、民族艺术以及五邑文化大舞台等建筑组成。

看点一 优美的自然环境

碉庄周围为保护农田，环境优美，乡土味浓郁。于碉楼高处，登高望远，观庙山景色、看湖畔鱼跃，小镇乡村景色尽收眼底，一览无余，令人心旷神怡。

前广场位于景区正门后面，为小型的活动场所，碉庄在此多次举行各种活动。

前花园种植着各种中西方不同品种的植物，如开平本地的万利树和从外国移植回来的西方品种——绿尼曼，这两种树自种植在一起，就成为碉庄的“夫妻树”，其寓意与碉楼是中西合璧的产物相吻合，游客可在这里欣赏植物，又可在这美景中休息。

岭南水道将旅游文化广场跟活动中心分隔开来，它是仿造岭南园林的水道而设计的，为碉庄增添了岭南园林的气息，游客在此可停息片刻，欣赏岭南水景。

看点二 民间技艺和民间建筑

碉庄内多种巧夺天工的岭南民间技艺云集，在这里，久违了的糖画、捏面人、草编、烧玻璃等濒临失传的手工技艺

让你仿佛回到童年市集，你可以观看其制作过程，更可亲自动手，为自己或亲朋好友制作一份礼物。

在这里还有很多民间建筑为历史的沉淀作见证。像宣文楼、象吉楼等。宣文楼位于趣园后面，原为普通民居的碉楼。象吉楼属于众人楼，也是开平众人楼中规模最大的。象吉楼1924年落成，全楼共5层高，至今已经有80多年的历史。象吉楼经历了百年历史，见证着开平的百年发展史及开平侨乡人民的艰苦奋斗。游客可登上碉楼最高处，一览碉庄全景。

来到开平碉庄，圣神殿祠堂是不可不参观的。

圣神殿祠堂为观音殿，建于1923年，至今已经有80多年的历史。这个观音殿和通常所熟知的中国传统民间观音殿十分不同，是规模较大的独一无二的中西合璧观音庙，前半部分为典型的西洋风格，以混凝土结构为主，大门高挑，如教堂般庄严肃穆；后半部分是岭南风格的建筑，以砖瓦为主，运用大量的灰雕、木雕等进行装饰，并有能工巧匠绘的壁画。此观音殿跟开平侨乡文化息息相关，体现了侨乡人民日常生活中浓浓的侨乡文化。

进入大殿，抬头就可以可以看到观音殿上写着“神圣”两个字，这“神圣”二字就充分显示了观音殿神圣不可侵犯的地位。而且，观音殿上还有石雕、木雕、彩绘的各种艺术图案，体现了观音殿深厚的历史文化积淀。在观音殿里，供奉了多座神像，有保佑身体健康的华佗、保佑学习聪明的文曲星、招财进宝的财神、保佑加官进爵的开平方氏始祖方道盛驸马以及十二太岁。当然，还有最重要的观音、龙母和圣母，由于这里有观音坐镇，所以观音殿历来是香火不断的。

攻略 INFO

交通

1.公共交通：在义祠汽车站，每天都有发往马冈的乡镇班车，20分钟一班，在自力村路口下车，后步行约200米到达开平碉庄。

2.自驾游：走佛开高速(开阳高速、G325)，从塘口出口出，往自力村方向驾驶到达开平碉庄（距离自力村200米）。

线路

景区正门—宣文楼—趣园—前广场—观音殿—岭南水道—象吉楼—DIY教室—旅游文化广场—碉堡微缩景区—活动中心—民间手工艺廊—前花园。

餐饮

前花园旁有特色小吃豆腐角。豆腐角制作方法简单，但吃起来却异常鲜香，制作时先将豆腐切成小方块，再在这些豆腐块中放上新鲜鱼腐，然后放至平底锅上热油煎炸，煎炸时应适时翻动，待至金黄色时即可。豆腐角口感爽滑，外脆内酥，热吃味道尤佳。

住宿

可选择开平市内住宿。五星级酒店每间房每天约400元，四星级酒店约300元，三星级酒店约100到200元一晚。附近有香江温泉度假村（开平市赤水镇超田村，近367省道），电话：0750-2572222。

立园

华侨园林一绝

立园，坐落在赓华古村村头，满眼的绿色映着那亭台楼阁，大气磅礴。绝妙的是它又充斥着水乡的柔情，婉转的河道，泛舟的河面，遥想当年的清晨，安静却又繁忙。更多人说它散发着西洋情调，走在这一座座欧美建筑中，仿佛又有精典咏叹调荡漾耳边。

立园园中有园，景中有景，既有中国韵味，又有欧美风范。它是目前发现较为完整的中西结合的名园，“华侨园林第一园”的美誉它当之无愧。

立园名片

头衔：世界文化遗产、国家AAAA级旅游区、全国重点文物保护单位

位置：广东省开平市塘口镇北义乡北二村

门票：90元。立园、自力村、马降龙、锦江里、赤坎影视城、南楼六景点通票180元

电话：0750-2679788（开平碉楼公司）

网址：www.kaipingdiaolou.com

溯源

立园是塘口镇旅美华侨谢维立先生于20世纪20年代回乡兴建的，历时10年，民国二十五年（1936年）初步建成。

谢维立先生的父亲谢圣泮很早就在美国经营“至各堂”药材铺和“环球货品”商行，在香港设立“佑和办庄”，富甲一方。谢维立小时即赴美读书，接受西方文化的教育，长大后也从商。1926年，年近40岁的谢维立携妻带子衣锦还乡，购地兴建立园。1936年，开平立园初步建成。**该园以《红楼梦》中描绘的大观园为依托，对中国园林古典建筑艺术兼收并蓄，并对欧美当时流行的别墅建筑特色加以融会贯通，达到中西合璧之化境，从而拥有“小观园”的美誉。**

1970年，谢维立先生在美国逝世。1999年谢维立先生的遗孀谢余瑶琼女士，与开平市政府互签合约，委托开平市政府代管立园50年。

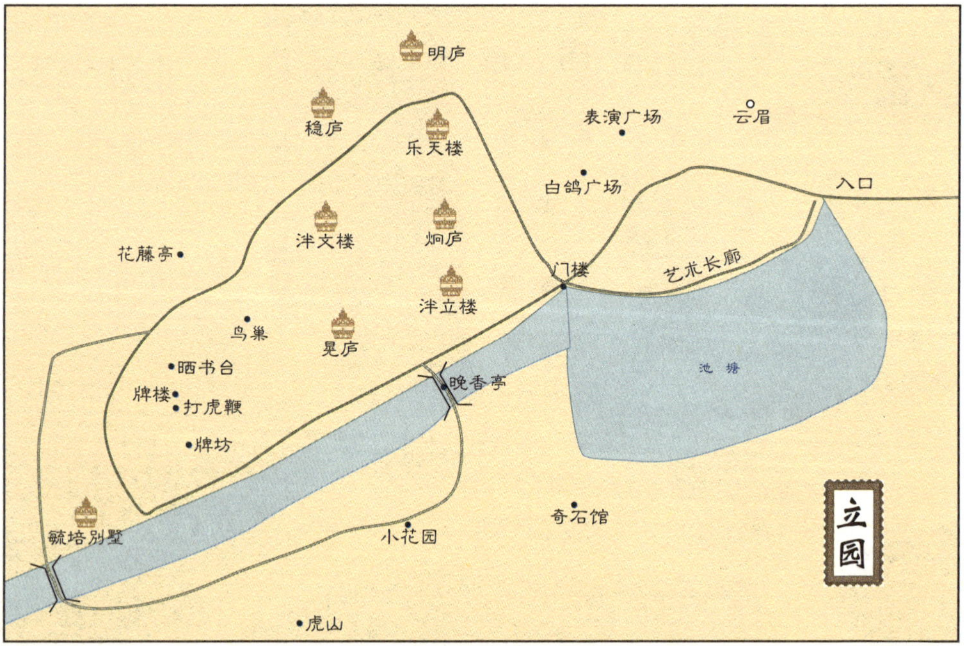

立园全景

布局

北二村村貌古朴，三间两廊、一色的庐宅鳞次栉比。立园就在这景观荟萃的古村东头。

中西合璧的特色使得立园的景象并不单调，远远即可望到高耸的碉楼和洋楼别墅。水乡式的风格必然不能少了河道，立园的河道是谢维立先生为了方便出行，斥巨资开挖的，长近20千米、宽11米的小运河，与潭江相接。立园建造期间，不少建材就是利用小运河运输的。

立园坐西朝东，园门与村门并立，大门正中上方“立园”二字，柔中带刚，潇洒圆滑，

云眉楼是电影《一代宗师》的取景地

是书法家吴道熔于民国二十三年（1934年）书写的。园内大体可分为三部分：别墅区、大花园区、小花园区，三个区分别用人工河或围墙分隔，又巧妙地用桥亭或通天回廊将三个区连成一体。

立园的建筑，打破了中国从古至今绝大多数建筑都是对称的格局，而追求一种自然美。尽管“立园不圆”（西北面缺了一角），但是对于亭台楼榭的布局十分讲究，包括山水的配合，花草与禽鸟的陪衬，远景近景的搭配。整个立园如同一幅栩栩如生的国画。

从正门进入，映入眼帘的首先是刻有“庚华村”三个大字的牌坊。此牌坊的名字来源于谢维立先生的祖父。沿运河回廊前行约100米，左手边（南）便是小花园，小花园里水榭楼台，亭园众多，“挹翠”、“长春”、“共乐”是其中最著名的三个亭子；右手边（北）是别墅区，别墅区共有泮立楼、炯庐、晃庐、稳庐、乐天楼、明庐和泮文楼7栋，其中以泮立、泮文两幢别墅最为华丽壮观，而乐天楼是一座四层高的碉楼，是立园中唯一一座碉楼。别墅区的西边是大花园，主要景观有“立园”大牌坊和“本立道生”牌楼、放生池、百鸟园、花藤亭。打虎鞭是大花园中最具神秘色彩的景观，西南角落的毓培别墅是大花园的必观之地。

谢维立先生自小对建筑、诗词、书画颇有研究，深谙中西文化的精髓，因而立园从整体规划、局部设计到园中的诗对、题词等都是聘请当时最负盛名的行家里手精制而成，连里面种植的花草树木也布局独特、新颖，安排巧妙。

立园内部

洋立别墅

洋立别墅内部

精品建筑　泮立、泮文别墅

小型博物馆

泮立楼建于1931年4月，占地面积146平方米，楼高三层半。楼名是谢维立先生取其父谢圣泮及自己的名字联珠而成，是园主谢维立先生和四位太太生活起居的中心。而今人看来，这俨然是一个小型博物馆。因为泮立楼无论是建筑风格，还是文化韵味，或是家居设施，都体现了中西合璧的鲜明特色。

泮立楼楼顶为中国古式琉璃瓦重檐建筑，盖绿色琉璃瓦，巧妙地架空，成了实用的隔热层。加上壮观的龙脊、飘逸的檐角、栩栩如生的吻兽，完全是中国宫殿式的建筑风格。与楼顶中国古典风格形成鲜明对照的，是楼身采用西式的风格，包括造型华丽的希腊式圆柱，欧美式风格的窗户，

洋文别墅

古罗马式的艺术雕刻支柱。

旧时开平民居，门楣的外边或者里面，都有灰塑，泮立楼也不例外，墙壁装饰以中国古代人物故事为题材的大型壁画、浮雕和涂金木雕。名为《三聘诸葛》的灰塑是用稻草、石灰加上糯米粉来制作的，这件作品是1931年制作的，历经70多年的历史依然色彩依旧。因为此作品的颜料均是由意大利进口的，与文艺复兴时期的画作同样的的颜料。灰塑两旁附有谢先生亲笔提写的诗词。二楼客厅里的樟木潮州涂金木雕为《六国大封相》， 塑造人物逼真，栩栩如生，且雕刻精湛，构图别出心裁。据说当初曾有一个美国人出3万美元想买下这件作品，谢维立没有答应。这件木雕也保存完好。

在室内的布局上，也并不拘泥于中国传统民居的布局和摆设，谢维立先生把“洋味”也带进了中国古典特色的布局之中。室内地面和楼梯皆为意大利彩石；各层均置西式壁炉，悬挂古式灯饰，摆设雅致的酸枝古式家具，一楼客厅，

希腊式圆柱

洋文楼

布置得宛若豪华的宫殿。墙壁设有欧美式的壁炉，墙上刻有精美的东洋图案。客厅的饭桌是酸枝木材质的，摆放的餐具，虽为纯银制作，又以中国的龙头为柄，是专门接待贵宾和亲朋好友的。从这些都可以看出泮立楼虽是西式的装修却又不失中国古色古香之神韵。

泮立楼还有一大特色是它的楼梯上嵌有贝壳，是用来照明用的。每到夜晚，月光从窗子里照进来，贝壳就一闪一闪的，十分光亮，方便人们上下楼梯，设计可谓别出心裁。而泮立楼的饮食用水设备和卫生设施均从国外进口，切菜台、水池是大理石砌成的，碗柜是悬吊式的，每一层都配有卫生间。并且园主一家不从河里打水，而是自行设计建造了一套家用自来水系统。这套家用自来水系统，先是在客厅后边的天井里打一口水井，再在井边安了一个水泵，在楼顶

△别墅内部

建了一个水泥池，其间以水管相接。水泵是由美国生产的，上面可以清晰地看到英文字母“USA”。但是当年没有电，水泵只能用手来摇，由此可管窥70年前的华侨生活起居的情形是多么奢华。

泮立楼的顶层有谢维立先生“祖先神位”的神龛对联，是这样写的：“宗功伟大兴民族，祖德丰隆护国家。”谢氏家族延续着中国传统的修身立家古训：“耕读两途，读可荣身耕可富；勤俭二字，勤能创业俭能盈。”到近代受到西方文化影响，形成了家族、民族、国家三位一体的观念。

泮文楼是谢维立的兄长谢维文及夫人生活起居的别墅，面积与泮立楼大体相同。结构与泮立楼也相似，楼顶为重檐式，绿色琉璃瓦。各层墙边也都装置西式壁炉，所有窗户装上防蚊窗纱，天花下悬吊着古式灯饰，每层摆设着工艺精致的酸枝家具，显得古朴幽雅,古色古香。用水和卫生间的设施，如抽水机、浴盆、坐便器、水箱等均是从国外购置的，可见其先进性。

泮立、泮文两楼特别注重防卫性。且不说为了防匪防盗，门设三层，单是窗户就分四层，第一层是玻璃窗，用来防风雨；第二层是铁柱，用来防盗贼；第三层是窗纱，用来防蚊虫；第四层是特地从德国进口的钢板，专门用来防当时的子弹。在当年这样的设计不仅中西结合、别具一格，且相当超前。

泮立、泮文别墅之间有架空天桥楼道与辅助房间相连，通过辅助房屋可下至人工运河滩的地下室。

解说 重檐在基本型屋顶重叠下檐而形成。其作用是扩大屋顶和屋身的重量，增添屋顶的高度和层次，增强屋顶的雄伟感和庄严感，调节屋顶和屋身的比例。因此，重檐主要用于高级的庑殿、歇山和追求高耸效果的攒尖顶，主要分为重檐庑殿、重檐歇山和重檐攒尖三大类别。

精品建筑 大花园

中西园林融合典范

大花园是整个立园的核心，也是灵魂之所在。大花园有一朝东的园门与别墅区彼此相通，园门上配有古代神话故事和花鸟浮雕，两旁嵌有一副对联："立地楼台三岛峙，园林花鸟四时春"。上下两阙首字正好是立园之名，联中的"三岛"，指的是园中的三个区域，分别是大、小花园和别墅区；而下阕正是写出园中景色的美不胜收，鸟语花香。

大花园坐北向南，主要以"立园"大牌坊和"本立道生"牌楼为轴心进行布局。

大牌坊—牌楼

大牌坊南临小运河，台阶接近水面。牌坊为三楼六柱式，高峻挺拔，工艺精湛，是最初立园的大门。它宽11.5米，高11米，坊顶为绿瓦吊檐式，柱用水洗石装饰。整座建筑工艺精湛，气势雄伟，称得上是牌坊中的珍品。

立园花园

解说 水洗石，又称水刷石饰面，也叫汰石子，是一种人造石料，它很好地融合了中西建筑的特色。制作过程是用水泥、石屑、小石子或颜料等加水拌和，抹在建筑物的表面，半凝固后，用硬毛刷蘸水刷去表面的水泥浆而使石屑或小石子半露。

距大牌坊几步之遥是“本立道生”牌楼，又名读书亭。它的占地面积为69平方米。主楼宽4米，高6.5米；副楼宽5米，高4.3米。其构造独特，用8跟柱子支撑起一座主楼和两翼副楼，很像是一顶乌纱帽——主楼为帽，副楼为翅。顶部采用中国传统的绿瓦顶结构，梁脊上是双鳌争珠，四龙走斜边，造型布局气势非凡。牌楼后有“修身阁”，也为晒书台，面积为260平方米，四周用水洗石米装饰，建以围栏。栏柱顶采用倒莲装饰，并且这里刻有众多楹联，既表达了谢维立的思想追求，又散发着浓浓的书香味，为园林增色不少。

大牌坊、牌楼之间雄峙着两根钢铁制的打虎鞭，蔚为

大花园“本立道生”牌

大花园花藤亭

壮观。打虎鞭建于1926至1936年，钢质杆高18米，钢鞭高20米，呈尖圆形，下方直径30厘米，上尖下粗，水泥浮花底座，高2米，是立园里一个有故事的建筑。打虎鞭是一对风水杆，建园之初，谢维立先生按照当地习惯，请风水先生勘踏风水，以祈趋利避险，逢凶化吉。

花藤亭—鸟巢

沿牌坊拾级而北上，有放生池、百鸟园、花藤亭点缀其间。

花藤亭是大花园内两座造型相当奇特的建筑物之一，其造型像西式的金刚宝座塔。占地面积150平方米，高约4米，四周有门。整体造型酷似大鸟笼，下方上圆，顶部为圆拱形，仿英国女皇的金冠而建，但从顶尖向下看去，它好似一座未完成的手工的藤制作艺术品；其四壁为通透的钢筋水泥花格，均匀地展现出一块块方格；其亭上方有植物遮荫，郁郁葱葱。

大花园鸟巢

花藤亭里设有一个椭圆形大鱼池,相传为养金钱龟的池子。借“龟”字与“贵”字谐音，与亭旁的鸟巢互相呼应，寓意为鸟语花香，花开富贵。

园里广种花木，绿树成荫。一些特有的果木引人驻足，桂子果、水松牛奶果长势很好；高高的椰树叶在绿丛上空展弄着风姿，异国情调又被一并带出。

与花藤亭并列的另一奇特建筑物是真正的一座鸟巢, 原本是立园主人建来养鸟的。这种建筑，一般园林难得一见，是模仿巴黎圣母院里一处建筑建造的。

鸟巢高3米，占地25平方米，四壁都开有门口。整座建筑中西合璧，新颖独特。其顶层是五个德国城堡式的圆顶亭子，象征谢氏家族的子孙读书聪慧，博学多才，个个都“五子登科”，成为有用的人才。

解说 打虎鞭的来由

立园在建的时候，谢维立先生请了一风水先生来参观，风水先生对景观啧啧称赞，唯独觉得园南边的虎山对立园的风水不大好。谢维立听了，心里焦虑不安，忙问化解之法。

风水先生左右前后看了又看，说道：“俗话说‘虎落平原被犬欺’，这里平原一片，你在这里养几只狼狗，另外购置一对石狮子对着虎山，狮为兽中之王，虎见狮子便畏惧而逃。做了这两件事，虎就不足为患了。”

谢维立先生按风水先生的话照办，谁知正当立园竣工时，不幸的事情接踵而来。一天晚上，狂风大作，电闪雷鸣。翌日，维立先生发现园中树木被狂风吹得东倒西歪，断枝败叶满地，狼狈不堪，泮立楼檐一角被雷劈下。随后，一位亲属的11岁女儿因病夭折了，二太太谭玉英难产身亡。接着海外又传来父兄所经营的生意不利。维立先生又把那位风水先生请来，告诉他最近发生的怪事，风水先生听后对维立先生说，狂风暴雨之夜，便是猛虎发威之时，因你大兴土木加上游人众多，惊动南山“绿毛老虎”，那晚狂风骤起便是“绿毛老虎”进园挑衅，当时两头石狮子与群狗奋起与“虎”搏斗，虽然狮子是兽中之王，但终究体形弱小，不敌凶猛的“绿毛老虎”，反被“虎”伤，伤口现在尚在流血，不信你仔细看看这里。维立先生蹲下身子，定眼一看，果见一头狮子口角下和右肩等处有浅红色的斑迹，便信以为真，风水先生又说有虎并不是完全坏事，凶猛的老虎也可以驯服，驯服后的老虎还可以为你守园呢，风水先生便让为立先生打造了打虎鞭两条，随后园中风平浪静，坏事全无。

有些风水之说是旧中国长期以来的一种迷信，能招致祸福。其实是不可信的，比如说石狮子受伤流血，这是制造石狮子的花岗岩含有些杂色之故，而风水先生正是抓住了人们平日不甚注意的一点，信口开河，大做文章，危言耸听。立园在建成之初，出现的种种不如意事，实属一种巧合而已。但是这种巧合也正好成就了立园里的又一奇观风景，虎山与打虎鞭的故事也流传至今。

鸟巢用柚木框、不锈钢网围住，中间建有一个水池和一座假山。当年园主在世之时，在此养有孔雀、八哥、蜡嘴鸟等，此处绿林鸟语，欢笑不断。

大花园裙墙四周采用广东佛山民间剪纸艺术图案。这些图案被制成水泥通花窗，外表都为水洗石，工艺别致。其设计非常巧妙，造工非常精细，是国内绝无仅有的。

打虎鞭

毓培别墅大门

毓培别墅

大花园西部是一片树木环绕的草滩，再向远看，滔天河湾映入眼帘。而在西南角的毓培别墅更是点睛之作，秀楼临水，亭亭玉立，宛如出水芙蓉，更别具风情。虽说小楼温婉，却又配有严密的铁窗、密布的枪眼，给人一种不安的感觉。

别墅是谢维立为纪念二太太谭玉英而建的。二太太是谢维立最喜爱的太太，琴棋书画样样精通。在别墅一楼的墙上，挂有一个谭玉英亲手绣的很漂亮的装信绣花袋，里面还有一封谢维立写给她的信。楼内，有谭玉英用过的古琴和留声机以及她写的对联，让人有穿越时空之感。可惜她因难产离世，让谢维立非常难过。这段凄美的爱情故事也为毓培别

大花园毓培别墅

小花园挹翠亭

墅增添了几分浪漫色彩。

毓培别墅小巧玲珑，是一座塔式建筑，建筑工艺堪称一流。它从正面看有两层半，从侧面看有三层半，而事实上别墅内有四层半，是谢维立别出心裁构思的。有仿效日本寝式样的、罗马宫式的。每层地面精心选用图案，巧妙地用四个“红心”连在一起，构成的圆形图案独具匠心，又用彩色的意大利石磨镶在每个厅、房正中，据推测，那是谢维立对四位夫人心心相印的情怀，一视同仁的心态。而表现出这种意味的建筑风格更可谓匠心独运。

大花园不仅地上美轮美奂，地下也别有洞天。它的地下，是用钢筋水泥建筑的地下室，有暗道内外相通，更令大花园曲径通幽，这也把整个花园建筑连成一体，置身其间，迷幻却又赏心悦目，叫人流连忘返。

精品建筑 小花园

川字形水上花园

小花园位于大花园和别墅区之南，它构图别致，为“川”字形，园内又以“兀”字形运河分隔。

小花园与别墅区之间的运河上建有“虹桥”，此桥建于1936年，长10.5米，宽5米，南北相跨，桥上建“晚(晓)香亭”一座，亭高两层，约5米，琉璃瓦顶，石米墙身。亭四边有飘台，可从不同角度观赏园景，别有一番情趣。因为桥的两侧为东西向，晚香亭四周又种有果树香花，早晚都有香气飘逸。再加之小亭牌匾书写的字像“晚”字又似“晓”字，旭日初升时登之可作晓香亭，夕阳西下之时登又可作“晚香亭”，意景结

△立园人工河

合，情景交融，令人心旷神怡。

小花园主要由“挹翠”、“长春”、“共乐”三亭组成。其中“挹翠”亭为首，建于1926至1936年间，为中国传统六角亭式建筑。柱、栏均为水洗石米式，顶层透气窗斜装玻璃，明亮透气。内顶中央悬塑金龙一条，口含玉坠，鳞光闪烁，六侧各塑民间传说：蓬莱仙景，明皇月宫，王母祝寿，寿星进桃，弄玉萧郎、天女散花。图中人物，栩栩如生。其顶端涂绘几帧古代八仙过海的人物灰雕壁画，色彩鲜艳，人物活灵活现，顶部盘踞着一条金龙，悬垂的灯盏，就像它吐出来的明珠，惟妙惟肖，令人赞不绝口。

小花园西边建观澜桥，桥上建共乐亭。观澜桥长6米，宽1.5米，横跨东西。桥身两侧各用彩瓷嵌上桥名。楼顶为古式琉璃瓦顶，瓦檐四边原挂响瓦，风吹瓦动，悦耳之声犹如风铃。共乐亭高2米，宽2.5米，桥身及亭柱都用水洗石米装饰，栏柱造型别具一格。

东边建玩水桥，桥上建长春亭，这长春亭加上挹翠亭和共乐亭并成为小花园三绝。这三个亭子皆建造得各具特色，精巧秀丽。就连长春亭边的五层小白塔，造工也很精美，玲珑剔透，小而别致，惹人喜爱。据称是镇慑南方的“丙丁祝融”火神，以摒除烟火侵扰，保护园林平安。

乐天楼

精品建筑 乐天楼

壁垒森严的碉楼

立园的防匪防盗设施，可谓五花八门。其中，有地下室，有铁窗，而在此有必要提一下碉楼，这座美丽花园中唯一的一座碉楼——乐天楼也发挥着它的使命。

乐天楼的名字刚好说明它的功用，由于此楼是为防范盗贼、洪水而建的公众避难所，所以村民将它取名为“乐天楼”。

乐天楼是一座典型的碉楼，是立园的保安中心。这座灰

炯庐、乐天楼、泮立别墅

白色的碉楼建于1926年，建筑投影面积为37平方米，楼高5层，为方柱形，全用水泥建造。

乐天楼的墙壁很厚，约30厘米。窗户很小，每个窗都装上了粗大的铁筋。**楼体四周遍布枪眼，向前可以封锁四周，向下可以消灭靠近楼墙放火的盗贼土匪，又能够前后左右形成交叉火力网，而且门窗无一例外都是由钢板打造的，可以阻挡土匪的进攻**。顶层配备有枪械、石块、铜钟、探照灯等防卫设备。可以说是防备森严，滴水不漏。楼里面又有各种烹饪、饮食器具，以及卫生设施。

攻略 INFO

交通

1.可在开平市义祠客运站乘坐4路公交车，在立园路口下车，每14分钟一班；也可在开平长沙汽车总站（开平市长沙西郊路28号，0750-2322591）乘坐沙湖方向的乡村班车，时间：7：10—18：05，40分钟班。

2.租车：开平市区至立园不到20千米，出租车的价格约为35元左右。

3.自驾游：广州—广佛高速—佛开高速（开阳高速）—塘口出口(或水口出口—G325)，大约140千米。

江门—江鹤高速—佛开高速（开阳高速）—塘口出口(或水口出口—G325)，大约80千米。

餐饮

立园谢维立先生的租屋凉粉，是用当地的凉粉果秘制而成，味道不错；还有艾角糍、番薯糍、莲粉糍、猪仔薯和豆腐角都是立园不错的必尝小吃。

住宿

可以去赤坎古镇或开平市区住宿。

三门里村落

古朴的岭南村落

走在通往三门里的路上，远远便能看见一片翠绿。来到路口，一座古色古香的牌楼出现在眼前，牌楼两边题着“三业腾飞千里秀，门庭兴旺万家春”，正上方写着“三门里”。走过牌楼，路两旁延伸着一片丰收在望的稻田，一路向前走，穿过郁郁葱葱的植被和清澈的池塘，便能看见一座座青砖民居构成的村落。一排整齐的青砖建筑倒影在村口的池塘中，古朴宜人。村口古老的榕树下，老人抱着小孩子悠闲地坐在石凳上。

三门里是一个古老而美丽的岭南村落。经历了几百年岁月的洗礼，这个静谧的村落处处散发着时间的味道。无论是墙角的小圣庙，还是深巷里的明清青砖民居，或是沧桑地矗立在民居中的迎龙楼，仿佛都在诉说着这个小小村落沧桑的历史。

三门里村落名片

头衔：世界文化遗产、国家重点文物保护单位

位置：广东省开平市赤坎镇芦阳村

电话：0750-2679788（开平碉楼公司）

溯源

三门里村因原有三个村口闸门而得名，是开平现存最古老的村落之一，为关氏村落，已有近600年的历史。

明朝末年，战事纷乱，社会动荡，中原地区人民纷纷南下避难。一位关姓的老人带家人从梧村南迁到现在开平交流渡至赤坎一带当时叫驼驮的地方。他们建造房屋，开垦土地，发展生产，安安稳稳地定居下来。这老人特别喜欢芦花，特给自己的居室起了一个雅号，叫“芦庵”。大家就叫他“芦庵公”。 后来，一些从北方南迁的人家也陆续前来聚居，几个村落就这样形成了。芦庵公所在的村子叫井头里，而与井头里毗邻的村子就是三门里。

井头里、三门里村一带地处潭江下游冲积平原，洪涝以及时常出现的土匪不时威胁着村民的生命财产安全。关芦庵的第四个儿子于是在井头里村旁建了一座砖木结构、高3层的碉楼——瑞云楼，供村民避难。这座楼非常坚固，据记载，瑞云楼高3层，壁厚1.2米，楼身都是用大红砖砌筑而成，有很

三门里村落全景

好的防洪和防盗功能，一有洪水暴发或贼寇扰乱，井头里村和三门里村的村民就到瑞云楼躲避。随着时间的推移，两个村的人口不断增加，而楼的容量又有限，再遇紧急情况时，总是人满为患。在水患人祸不断发生的日子里，为了保证自己和家人的安全，居住在三门里村的芦庵公的曾孙于明朝嘉靖年间（1522–1566年）在村后高地又建起了一座碉楼——迎龙楼。

因修建水利之需，年久失修的瑞云楼于1962年被拆，但迎龙楼被保存下来，成为了关氏家族现存最古老的文物。

布局

三门里村有民居186间，占地面积140 000平方米，整齐的村巷与村前的池塘、村口的古老榕树，构成了典型的传统村落景观。三门里村东距开平市区6千米，地处潭江下游冲积平原，地势低洼，土壤肥沃，气候温和，但是台风洪涝灾害频繁。

三门里村落保持着较为一致的方格网布局，民居排列较整齐，每户用地的地块基本相同，主要立面基本一致。**在民居前面是半圆的池塘，池塘的两边是村落的入口，以古老的大榕树作为标志，村前有“石狗”和正对的路口墙上的“石敢当”；晒谷场、村头、村尾分别有“姜太公在此”、“哪吒在此”和刻有钟馗像的“驱邪出外”的石牌；村头、村尾供奉着三座社稷摄神位**。迎龙楼矗立在三门里村中轴线的西面，旁边设有玄武神位，沿袭着人神共

三门里村落民居大门

解说 石狗节

在三门里，关氏家族一直延续着一项民俗活动，那就是农历九月十五的“石狗节（石狗诞）”。

三门里塘基原来有一对雄雌石狗，是关氏第十七世祖、芦庵公的曾孙关圣徒阿婆的随嫁之宝，被族众视为圣物。传说石狗很有灵气，摸摸它们能够带给人平安吉祥。传说在清初某年的农历九月十五日深夜，一群土匪进村抢劫，被石狗发现，便狂吠向村民报警。土匪恼羞成怒，将叫得最凶狠的公狗斩为两段，将其扔到了村东200米的河里。村民感念石狗的护村之功，便将扔公狗的河处叫“狗淹潭”，并将每年的农历九月十五日定为“石狗诞”，纪念石狗护村的功德。村民们还以圣徒祖的名义将祖祠田地出租的租金建立“石头基金”作为石狗诞节庆的经费。每年农历九月十五日，当地家家户户都要做米糍祭祀，村里要用经费买猪、牛、羊祭拜石狗，请戏班搭台唱大戏四天。远近关氏家族的乡亲和其他族姓的乡亲都要围聚三门里，共同看戏，享受石狗节的欢乐。

迄今，剩下的母石狗还在村口，村民们设置了祭坛，供奉着石狗，接受村民的祭祀，香炉里香火不断。

居的村落特色。这种布局基本上保持传统村落的风水格局。

精品建筑 迎龙楼

现存最古老的碉楼

穿过三门里村祠堂旁一条逼仄的小巷，开平现存历史最早的碉楼——迎龙楼，便赫然耸立在眼前这个宽阔的广场上。

迎龙楼是一座典型的众人楼，历史上叫做“迓龙楼”。1919年，在保留原有的架构和格局上，村民们对迓龙楼进行重修。重修后，迓龙楼更加坚实了，由于“迓”字在人们口头上少用，村人便在书写楼名时将之改为“迎龙楼”。

迎龙楼坐西北朝东南，占地面积152平方米，建筑面积452.1平方米，为砖墙木楼板的砖木结构，楼共3层，高11.4米。长方形的建筑形体没有受到外来文化的影响，楼体简洁、传统，仅在底层大门门楣和窗户上运用了西方简单的圆拱形装饰，可以说是开平碉楼最原始的模式。迎龙楼造型厚重，形体坚固。楼体四角各有一个向外突出的直接落地的角

楼，角楼的二、三层四面开设了“|”字形防御用的射击孔。屋顶为传统的硬山顶形式，屋面上部的屋脊为平脊，红瓦木椽。

迎龙楼的一、二层是用明朝土法烧制的大型红泥砖砌筑，红砖规格为长33厘米、宽15厘米、厚8厘米，墙厚93厘米，是明朝的原构，十分珍贵；第三层是后来村民用青砖加建的。1920年，村民看到三楼墙体有剥蚀现象，就用青砖和水泥加固，重新换掉了楼顶的梁柱，翻新了楼顶的瓦面，并把所有的木门窗改为铁门窗。三层的开窗比二层大，其正面的外墙上嵌有迎龙楼的匾额，匾额正下方的铁窗两侧配有“迎龙卓拔，楼象巍峨”的联文。迎龙楼楼身背面没有设窗。

迎龙楼大门狭长，上部是一个半圆的拱形，门口上方刻有“拔萃”二字，门两边题着“迎猫瑞稔，龙虎气雄”。这两副对联和门楣上的图画已经被翻新过。走进楼内，楼面为木梁板结构，横梁和楼板是明朝原有的建构。据村民说，改建前所余旧物，仅有一个竹制笔筒，楼内墙上有一首江南诗，是一位叫关荣志的军长用顶真格式写的：江南一枝梅花发，一枝梅花发石岩，石岩流水响潺潺，潺潺滴滴云烟起，滴滴云烟在江南。

在中国，龙是吉祥的象征，碉楼取名“迎龙”，表达了创建者期望这座碉楼能给村民带来平安、好运和幸福的美好心愿。据记载，迎龙楼建成后也确实多次成功地保护民众避免了洪涝和匪盗的侵袭，因而备受乡亲珍爱。清光绪九年（1884年）和三十二年（1908年），开平遭遇了两次大水灾，洪水淹过屋顶，但因有瑞云楼和迎龙楼的庇护，芦阳村的乡亲都平安无事。400年来，在抗匪和防洪中，瑞云楼和迎龙楼都起了很大的作用，因此当地村民对它们有很深的感情。

△角楼细节

▲迎龙楼

解说 青砖砖楼

开平碉楼所用的砖有三种，一种是早期土法烧制的红砖，一种是当地烧制的青砖，一种是近代的红砖。用早期土法烧制的红砖砌筑的碉楼，目前除了迎龙楼早期所建部分，开平已很少见。

青砖楼的墙体有三种做法：内泥外青砖，内青砖外混凝土，青砖夹水泥、青砖。许多混凝土碉楼的上层经常也用青砖砌筑，多外刷水泥，特别是燕子窝的部分，多用青砖作材料。也有的碉楼在青砖外抹水泥，或者青砖墙体同垒石墙体组合的做法。少部分碉楼为近代的红砖建造，在红砖外面再抹一层水泥。目前开平现存砖楼近250座。

攻略 INFO

交通

1.租车：三门里距离开平很近，乘坐出租费用不贵。

2.公交：可以乘坐义祠—赤坎的4路公交车，在三门里站下车。

3.自驾游：从开平市区出来，沿着325国道行驶7千米左右，便可看到三门里的牌楼。

餐饮

三门里东边不到2千米的地方有春浩酒楼（肉联厂附近，0750-2360777），这家的酱汁烧肉和猪杂都很有特色，而且菜色鲜艳，分量足。附近还有鹤山南海渔村，也很不错。

住宿

推荐到不远的开平市区住宿，五星级酒店、四星级酒店、三星级酒店充足，此外南岛大酒店（开平市慕桥西路2号）、开平维港酒店（开平市长沙宝堤东路1号），设施齐全，条件都不错。

加拿大村

绝世独立的世外桃源

沿路行，逢竹林、绿树、稻田，芳草鲜美，落英缤纷，竹林挺拔，复前行，林中寻得“加拿大村”。

赤坎，一个四周潭江环绕、榕树婆娑的岭南古镇，加拿大村就在夕阳西下公路的尽头，它已然淹没在公路旁的树丛中，更使得它成为了绝世独立的世外桃源。这个世外桃源是由精美碉楼别墅构建的旧时村落，四周全是农田与竹林，草及人高，静谧宜人。这里又是一个冷寂孤傲的村庄，从一开始建造，它就注定要独自在岁月中守候流离海外的主人的归来，有一点凄婉哀怨的美丽。这沉淀的盼归之心都在建筑中诠释出来，中西合璧的建筑风格更是让它独树一帜。

加拿大村名片

位置：广东省开平市赤坎镇灵源村

电话：0750-2679788（开平碉楼公司）

溯源

加拿大村，最初名为“耀华坊”，是赤坎镇虾村分离出来的小村庄。

民国初年，一个叫关国暖的旅加华侨回乡带走了13户关姓同乡，飘洋过海到加拿大谋生。关国暖是加拿大村第一位远赴海外的华侨，在经历了“卖猪仔”的残酷的卖力生涯后，关国暖后来在加拿大靠着药材生意发了家，是众多华侨中经济实力最强的一位。

这些华侨在海外勒紧裤带生活，就是为了攒下几个钱，回家乡完成“田、园、庐、墓”的最终梦想。衣锦还乡、落叶归根，是他们心中不变的乡愁。关国暖也不例外，他在距离虾村祖屋几百米的地方，修建了“春如楼”，同时动员在加拿大的同宗兄弟回乡建房。

在民国十年到十五年之间(1921–1936年)，这十几栋别墅陆续兴建而成，都取有雅致的名称，大多将主人名字镶嵌其中，如“煜庐”“碧庐”“逸庐”等。因为种种原因，这些房子里的人又陆陆续续离开了中国。1951年，当最后一户也移民到加拿大之后，这里就成了一座空城。当初的荣耀，剩下的只有半个世纪的落寞与守望，只有斑驳的老墙，伴着寂寞的野草及各色小花。

安庐

布局

加拿大村由11座建筑构成，其中有5座庐、4座楼、1座碉楼、1座会所。5座庐分别是：俊庐、安庐、耀东居庐、春庐、郁庐。4座楼分别是：华德楼、国豪楼、国根楼、春如楼。一座碉楼是：四豪楼。所有建筑规制齐整，坐北朝南，房屋面积在170～180平方米之间，均为两至三层。

面向潭江，村内别墅以四纵四横的格局排列，依次为俊庐、国根楼、碧庐、煜庐、逸庐、雅东居室、安庐、国涛楼、华德楼、春如楼。与其余9幢别墅比肩而建不同，关国暖

加拿大村别墅雕花

故居“春如”占地面积最大，建筑面积有200平方米，外加200平方米的前庭院，与其他建筑隔出两栋房子间距。“四豪楼”则在别墅群的最西边，脚下即是潭江。

看点一 乡野中的西洋式别墅

加拿大村有如今的名声，是因为它是存在于中国乡野中的西洋式别墅群。乍一看，是那样的突兀，静下心来再想，似乎还是和谐的。

村里现存西洋式别墅10栋、碉楼1座，且在70多年的历史里，全都未经维修而均保存完好，由于兴建的时间相差无多，且都为加拿大知名建筑师设计，整体风格上大致相似，既有西洋欧陆风格，又结合了中国传统建筑的元素。

每栋别墅都有仔细的登记，包括建筑名称、主人、建筑特色，写在一块小木板上，钉在别墅大门口的墙壁上。

别墅一般都为3层，**外墙几乎一律用青砖，建筑之间只留狭窄的巷子，典型的中国乡土特色，但细看其内部结构**，无论是建筑的外立面还是结构造型，都是风格截然不同的舶来品：底层正面饰以罗马柱，二楼和三楼正面多为三个圆拱，厅内的神台也建成圆拱形和罗马柱状，门楣、窗台、阳台等多处，刻有精美的欧陆风格雕花；而在其他许多地方，仍较多保留了中国传统的建筑特色，或者雕梁画栋，或者用福禄寿装点。在这些中西合璧的建筑中，多为从古典欧洲形式向近代形式发展的范例，并融合了中国传统灰塑、罗马柱、圆拱、花雕等建筑艺术，令人叹为观止。

春如楼

当年正是在关国暖的带领下，这里才有了这么多华侨，也才有了后来的加拿大村。关国暖是加拿大村第一位远赴海外的华侨，从事药材生意并发了家，是众多华侨中经济实力最强的一位，他兴建的春如楼在村里的十栋别墅中格外显眼也就顺理成章，不仅占地面积、建筑规模最大，还有一个规模很大的院子，这一点与别家有所不同。

国根楼

春如楼

春如楼建于1935年，整体风格结合了西洋风格与中国乡土艺术，水泥钢筋的运用在当时的中国农村是相当罕见且奢侈的。除了欧式风格的整体，中国韵味藏在一块块垒砌的青砖之上，线条的走向也是更让人想到中国的建筑。园中的水池，虽然外观的雕花是西式的，但水池的建立，又有中国风水的元素在里头。

如今，别墅大门紧闭，门前的蓄水池里满是青苔，荒草爬上昔日曾经是鲜花占据的花盆，残破也展现出迷人的美丽，真切地让人们知道了“风流总被雨打风吹去”的含义。的确，时隔多年，仍可以想见当年罗马柱、圆拱等西洋建筑的典型符号出现在中国的农村之中时，曾经带给这里的村民们的震撼、艳羡与无限的荣光。

俊庐

整座村庄现在有人居住的只有俊庐。俊庐楼高三层，整座楼的外墙是青砖结构，最底下一层设有两间房，一个大厅，厨房在厅后，楼梯在厨房侧；二楼有一半是用木材铺

设，一半是用混凝土建造，整座楼坚固实用，屋中的家具保存完好，是加拿大村现在较为完整的一座。

看点二 四豪楼

在开平其他的村落，许多华侨兴建的碉楼都是集防御和居住功能为一体的，像加拿大村这样全部都是别墅的并不多见，但这并不意味着这里的华侨不知道碉楼的重要性。在20世纪二三十年代，开平匪患不断，富裕的华侨家族便不约而同地选择了碉楼这种建筑方式。在关国暖的倡导下，本来全为别墅建筑的加拿大村，由四户人家共同出资在村东头兴建了一座五层的碉楼，被称作“四豪楼”。

四豪楼兴建在开阔的田野之中，背倚村落，前有河流，左右为田，视野非常好。这座碉楼的规模不大，纯为防御之用，所以几乎没有任何装饰。通过狭窄而阴暗的楼梯，上到碉楼最高处，四处远望，一派田园风光。

四豪楼是村中最具标志性的建筑。其楼高五层，最底下一层共用，二至四楼分别属于四户出资人家，每层有两个房，没有厨房。四豪楼的建造目的是用于避难和防洪，故整座楼房的结构较为坚固，在楼顶设有四个碉堡，也即燕子窝，每个碉堡都有枪眼，上面倒“T”形的孔就是枪孔，而底下就是放枪的地方。站在楼顶可以从高处俯视整个村庄，如有入侵者可给予还击。

解说 碉楼的命名

在开平大地上，有着数以千计的碉楼，而其大多有名字，或雅或俗、或隐或浅，不过其也有规律可循，主要分为以下几个原则：

1.以人命名。锦江里的瑞石楼就是以此原则命名，还有百合镇的焕福楼和爱仁楼，都是以楼主的名字命名的。

2.以数字命名。有的碉楼为数户集资而建，楼名就直接告诉你有多少户。像是加拿大村的“四豪楼”，便是关华德、关国安、关定俊、关涛四位富豪集资而建的众人楼，取名为“四豪楼”。

3.以方位命名。赤坎镇的司徒氏的“南楼”之名就是如此。

4.以村落命名。锦江里的锦江楼就是以村落的名字命名的。

5.以美愿命名。这一原则是最为普遍的，例如宣德楼、明达楼、志众楼等。

四豪楼

看点三 原生态的人文环境

加拿大村的每一栋建筑虽经近70年的风吹雨打，仍保存完善，村子的原始生态及人文环境在开平所有的古建筑群中位于最好之列，当地政府这几年一直将加拿大村列入旅游开发计划，现在已经有很多慕名而来的观光客。

国内外许多文物保护、建筑专家都曾光临过加拿大村，他们对至今仍保存得如此完好的建筑群感到惊讶，并对其今后的保护提出了意见。清华大学建筑学院院长秦怡国教授认为，保护建筑应该充分考虑到村落四周的生态环境，像村落旁的田地、竹林、池塘、荷花和河流，都应与建筑本身和谐一体。而加拿大村由于前几十年一直未被太多人注意，且附近村民一直未在此地建造新房子，因此整体形态保持得非常完好。

即使不算上这些精心构建的别墅，加拿大村也是个值得一来的地方。在村里走的时候，小动物的踪迹四处可见，甚至可以见到四脚蛇，也不惧人。据说四脚蛇是一个地方生态环境的标志，难怪来此参观过的专家都在大声呼吁，一定要保护好本地的原生态环境，此言不虚。

耀东居楼

四豪楼局部

攻略 INFO

交通

1.公交：从开平市义祠客运站到赤坎镇的4路公交车会路经加拿大村。

2.租车：也可以直接从市区坐出租车或搭摩托车，价格较为便宜。

3.自驾游：从开平市区出发，沿着325国道往湛江方向走大约6千米，可以看到三门里村的标志，加拿大村是从三门里村对面的路口进入，沿着土路大约3千米，荒芜的加拿大村就展现在你面前。

住宿

加拿大村距离赤坎镇以及开平市内都不远，可以在镇内或者市内居住。

赤坎古镇

中西合璧的文化古镇

当你感觉到到浓厚而质朴的历史气息扑面而来，你就走进了古色古香的赤坎。一条逶迤的小河静静地流过小镇，倒映着两岸的绿树、建筑，河面上平静如镜，敞篷船、小风帆悠游地穿过。在这历史褪色后的安宁之地，穿梭在联排的骑楼街道中，感受着侨乡的深厚文化底蕴；漫步欧陆风情街，享受着古镇浓郁的南国特色；图书馆是栖息赤坎书香之地

赤坎古镇每一个角落都充满着故事。它的每一栋小楼、每一条雨巷、每一个雕饰、每一寸河塘,都值得驻足。

赤坎古镇名片

头衔：中国历史文化名镇

位置：广东省开平市中部

门票：赤坎影视城30元。立园、自力村、马降龙、锦江里、赤坎影视城、南楼六景点通票180元

电话：0750-2679788（开平碉楼公司）

网址：http://www.kptour.com/index.htm

溯源

赤坎最初叫“赤勘”，因当地多红土而得名，兴盛于清康熙、雍正年间，有着350多年的历史。其河东是司徒氏，位于潭江的上游，称为上埠；河西则是关族，位于潭江的下游，称为下埠。

古镇拥有悠久的历史。相传宋元之际，大量官民随宋帝从福建等地沿海路南逃，赤坎人口渐增，至清道光年间，已是繁盛商埠。彼时的赤坎也成了大西南客户采购五金的物流中心，各地商人南迁的经营地，中药业在当地日渐兴盛，赤坎成了中药销往高、雷、廉、琼及桂、滇、黔、川各省并远销东南亚各国的集散地。

最早进入赤坎镇设墟的是司徒氏家族，他们大致于清朝顺治年间开始在今天赤坎镇东端潭江边建立了一些临时的摊位以互通有无，据说赤坎镇的司徒家是地地道道的舜的后人。另外一声威赫赫的家族，则是蜀国大将军关羽的后代，关氏家族利用潭江开展商贸活动的时间并不比司徒氏家族晚，1673年左右，关氏家族也将他们的墟集开设到赤坎镇的西端。

司徒氏、关氏两户人划界明确，不仅使得居所分明，连私底下也暗暗较劲。赤坎的两座夕阳大钟楼就是在暗中攀比

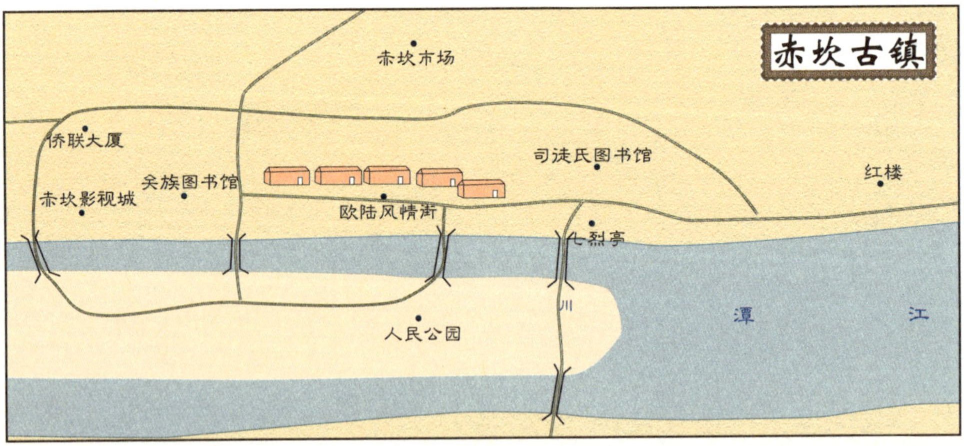

中建成的。你建得好，我就建得比你更好。这使得一个小小的赤坎拥有两座钟楼，比广州还多了一个。

而正是这种“较劲”在一定程度上成就了赤坎，让它发展得更快，建得更美，并且至今仍保存良好，时光的冲刷让这座古镇更加斑驳陆离，引人驻足。

赤坎影视城

布局

赤坎古镇位于开平市中部，潭江流域内。潭江自东向西而流，赤坎沿潭江而建。南岸是乡村，北岸是市镇。赤坎古镇大部分都位于潭江北岸。

古镇四周被潭江支流水系包围，上接恩平、阳江，下通三埠、江门、广州以及港澳，船只来往频繁，南来北往的水陆运输使赤坎由渡口码头成长为工商市镇，同时也形成了关氏家族和司徒氏家族分踞上、下埠的有趣格局。

小镇自上游开始为红楼，而向北则是南楼，顺潭江而下，就看见了闻名遐迩的司徒氏图书馆以及七烈亭。一路向西，欧陆风情街临水而建，别有一番韵味。走过风情街，右转就会来到中华路，以及赤坎市场，可以感受到当年最繁华的地方如今的褪变。直走就会看到旧时关氏一族的居所，以及关氏的图书馆。而引人入胜的影视城则在古镇的最西面。

精品建筑 赤坎影视城

一代宗师一段历史

早在1939年，就有电影人司徒慧敏在赤坎拍摄抗日电影《保卫大四邑》。此后陆续有《三家巷》《香江风云》《廖仲恺》《醉拳Ⅱ》《六两金》《南线大追歼》《香港的故事》《阮爱国在香港》等影视作品在本地拍摄。

2005年，当地政府为了吸引游客并吸收资金进行文物修缮，建成了赤坎影视城。影视城占地6万平方米，总投资2000

赤坎影视城三家巷牌坊

万人民币。电视连续剧《风雨西关》《三家巷》及港剧《东山飘雨西关晴》即在此拍摄。而王家卫的大片《一代宗师》也在此取景。影片中一个重要场景——叶问的家，就是在赤坎影视城中拍摄完成的。40岁前的叶问没有穷过，他的家自然不差。虽然骑楼外表有些残旧，但内部格局相当讲究。欧式风格的家具以及与旧广东的情调结合，为电影增添了不少背景色彩。

进了影视城，就走进了三家巷。三家巷是赤坎影视城的主体，是由陈家、何家和周家三家组成的，三家都是亲戚关系，邻街“百合堂”熟药铺杨大夫的两个女儿分别嫁给了陈家和周家，而后来陈家的女儿又嫁给了何家。巷子不深，大概才30米左右。进得巷来，陈家洋房即出现在眼前，透过散发着欧陆风情的铁花栅栏，可看到里面美轮美奂的豪华建筑。 陈家是三家巷里最有钱的人家，房子也是最奢华的。外面种着的各种植物长得正茂盛。踏上几级打磨得光滑油亮的石阶，推开厚重的大门，便走进陈家洋房。里面是宽敞的大厅，大厅顶端悬挂着豪华大灯。走上二楼，是很多的房间，每个房间都各具特色。踏上二楼的阳台，可透过树影把目光掠过河对岸，看到赤坎古旧的街头、斑驳的方形廊柱，甚至可以感受到从深远的街角散发出来的幽幽古韵。

走出陈家洋房，沿着巷子来到了何家。何家虽然不比陈家豪华，但终究是有钱人家，整个庭院错落有致，楼上楼下都有很多房间。墙壁是用墨色的青砖砌成的，可那墙乍一看根本不像是才建好的，好像历经了久远的岁月，淡淡地散发

赤坎古镇楼顶特写

着古朴的气息。施工人员说，其实砌墙用的砖只是一般的青砖，不过在墙壁砌成后用特殊的材料涂沫上去，才令人产生错觉。巷的尽头，便是周家。单看房子，会不期然地想起小时候看过的电影《三家巷》里发生在周家的一幕幕场景。

赤坎影视城里还有许多旧时客商的宅第、商铺，至今仍保存完好，里面的厢房、天井布局严谨，屋檐桁梁结构精致，雕梁朱漆依然斑驳可辨，这些楼房虽然经过多年的风风雨雨，但依然风韵不减。

除此之外，还有绵延300多米的骑楼街、保存完好的600

欧陆风情街全景

多座古老的骑楼深得影视界人士青睐，认为这里具有20世纪二三十年代旧广州、旧香港的韵味。

精品建筑 欧陆风情街

多国建筑的精华

赤坎镇的堤西路被誉为欧陆风情街，沿路的商铺建筑风格保存良好，充满19世纪20年代的味道。

早年旅美、欧的本地华侨带回国外建筑图纸，再融合本

欧陆风情街

地传统建筑风格，建造出一批中西合璧的楼房。岭南地区常见的骑楼在赤坎镇非常普遍，据统计，全镇共有延长3千米、约600座骑楼。一些骑楼群因位于潭江河畔，有水中倒影映衬，显得更具风情，仿佛一个欧洲小镇。堤西路更是骑楼的集中地。又因年代久远，建筑尽显斑驳(为保持原风貌，当地政府禁止翻修)，所以被称为欧陆风情街，是很多影视剧拍摄二三十年代广州的理想取景地。

欧陆风情街建筑最具特色的是楼顶。有的楼顶是尖顶塔形的，有的在正面墙挑出拱形雨棚，造型丰富。墙面装饰也多种多样，有浮雕图案、窗洞形式、线脚、阳台铸铁栏杆等，有的融合了西方巴洛克和洛可可建筑装饰风格，有的是岭南特色的佳果与吉祥纹饰以及具有中国古典特色的卷草图案。楼顶还镶嵌了彩玻璃木窗，石雕精美的小台，淡黄、暗红的外墙。因为建筑多为三、四层，临街店铺二楼以上部分

景辉楼

▲司徒氏图书馆

都是凸出来，形成内部人行道，远看像楼房骑在行道上，故称为骑楼。

景辉楼是欧陆风情街的“明星建筑”。景辉楼是岭南水乡著名的骑楼，其楼主是民国时期名医张景辉。楼高3层，建筑长45米，宽5米，每层有双客厅、双寝室，楼内为民国式的家具布置，垂直天窗，桥式天井，具有典型的岭南五邑侨乡特色。

现景辉楼一楼是赤坎古镇历史陈列馆，内有20年代的股票、中国第一台收银机、兰桂院妓女房的原物和原貌布置，珍藏妓女原装的名片，民国时期原物组成的新娘洞房等，500多件历史实物，从中能切身触摸赤坎昔日的繁华。二楼是张景辉的故居，内部是民国式的家具布置，原汁原味，古色幽香，充满神秘，让人发思古之幽情。

精品建筑 图书馆

以古镇见天下

赤坎镇最奇特的景观，莫过于小小的地方竟然有两座公共图书馆。作为两大家族数百年竞争的见证，司徒氏图书馆和关族图书馆现在依然作为地标建筑矗立在赤坎镇。

1920年，司徒族人开设阅览室以满足族人的文化需求，反响热烈。后来有海外族人提议兴建图书馆，民国十二年（1923）选址在下埠东头潭江边奠基。司徒懿森受海外捐款者之托，专程从美国回来监督捐款的使用和工程的进度。承担建设项目的是广州市永和建筑公司。历经两年的高质量施工，钢筋混凝土结构的司徒氏通俗图书馆于民国十四年（1925）落成。1926年，也就是落成后一年，再置美国大钟一座。

图书馆楼高3层，楼体高耸，造型典雅大气，整体建筑具有比较鲜明的葡萄牙建筑的风格。第一层高大的窗户两边是红砖垒砌的西式窗柱，古罗马的三角形突出窗楣与西式窗柱相结合，即使窗户的整体造型显得稳重端庄，在视觉上很好地起到了向第二层过渡的作用，又丰富了一楼立面的装饰。第二、三层有一个内走廊，六根贯通二、三层的葡萄牙式立柱与古罗马的拱券相连，立柱之间设置了镂空的护栏，给图书馆带来了舒展开放的气息。图书馆的楼顶为一平台，登高四望，赤坎古镇尽收眼底。楼内每层的地面是做工精细的彩色意大利

关族图书馆

司徒氏
教倫月報社
司徒氏圖書館
管理委員會
司徒氏图书馆
聘请

司徒氏图书馆大门

水磨石，至今平展如初，没有裂缝和漏水现象发生，可见当年建筑工艺之高。

第三层楼顶的正中是由民国时期著名书法家谭延闿题写的“司徒氏图书馆”匾额，楼下正门横楣刻“司徒氏通俗图书馆”，馆名则是著名书法家冯百砺所书。馆内陈列除展示司徒本族名人事迹外，还展示有慈禧太后题字等珍品。

图书馆内有一棵60多岁的南洋杉，树干弯曲，盘旋而出，把头伸到了院墙外面，俯瞰着对面的“七烈士纪念园”。因形如蛟龙而得名为“龙树”。司徒氏图书馆不仅文献丰富，而且还有几分英气，当年的赤坎七壮士就就义于图书馆门前。来到图书馆，不光是为了看书，更多的是感受到一种不灭的华夏之魂。

司徒氏建图书馆之举震动了关姓族人，为了挽回面子，他们马上于1925年组成家族图书馆组委会，1927年动工，1929年建成关族图书馆，规模与司徒氏相当，甚至比司徒氏图书馆还要高一层。

关族图书馆矗立于赤坎河堤西部，与河堤东部的司徒图书馆遥遥相望，开始之初馆内就藏有图书上万册，比较名贵的有《万有文库》《四库全书》和《廿四史》这三部巨作，一些国外的报纸杂志也经常更换，图书馆还有各类珍贵藏品。

图书馆外形以葡式设计为主体，衬以当时最流行的七彩玻璃窗；**地面虽然只是磨砖，但却是精华所在，当时每一块磨砖都是由人工磨成，价值一块银大洋。铺设的工艺更是妙不可言，砖与砖之间几乎是没有裂缝，在大厅中**

图书馆内部

间倒下一盆水，眨眼间就消失得无影无踪，地面坡得设计出色，使水迅速向四周的去水道流去，所以地面永不积水，使图书保管得更加完好。而从德国进口的大钟更是精美，安置于四楼，老远就可以瞧见，听关族的老人说，这个大钟连抗日时期都在走，只是在“文化大革命”的时候停过。

这两座图书馆建成没多久，日本帝国主义就侵略了中国，关族图书馆刚刚开办六年，被日本人占领，关族图书馆的图书及各种设备相继遭劫，迫不得已于1943年停办。1945年日寇占据赤坎，司徒氏图书馆包括“慈禧太后手书条幅”、“殿试试题”以及美术家司徒槐赠送的巨幅油画和新加坡赠送的鳄鱼标本等珍贵文物，连同名贵家具、枱凳桌椅，均被盗走，连图书都被洗劫一空，司徒氏图书馆也就此停办。

1980年代初，当地政府落实中央政府华侨政策，同意重开，两座图书馆于1982年重新开放。目前除部分楼层留作同族聚会交流之用外，其余区域仍作为公共图书馆对公众开放。

精品建筑 红楼

古镇的标志性建筑

赤坎古镇标志性建筑为“双馆两钟一红楼”，“双馆两钟”是指司徒氏和关氏两大家族的图书馆及其大钟；而所谓的“一楼”，就是开平一中的“红楼”。

“红楼”全名是“司徒教伦堂纪念堂”。这座建筑面积3000多平方米的红楼，因为用红砖砌就的墙体，使整幢楼呈现红色而得名。自1935年建成后，一直作开平一中的教学大楼使用。大楼分主楼（中间）和副楼（两侧），主楼4层，副楼2层，楼顶设计成博士帽状，寓意英才辈出。

民国七年（1918），开平县县长李介丞倡议设立开平中学。此倡议得到地方绅士和香港开平籍同胞的积极响应。次年开始筹办，选址几经周折，赤坎古镇的关氏家族及时伸出援手，提供镇旁的关鼎信祠堂作为校址。关氏家族的义举有深远的意义，它将开平第一所中学引进到赤坎古镇，为古镇成为开平教育 中心奠定了基础。

作为一所近代中学，关鼎信祠堂的建筑规模和功能设施显然不能适应学校进一步发展的需要。关族和司徒族对新校址的选择都表现出极大的热情，积极参加竞争，都希望新的开平中学能够在自己的地盘兴建。关族提供的场地是图书馆河对面的河南洲，面积有几公顷；司徒氏提供的是下埠东端的鱼笱庙，面积更大。后来政府派测量师实地考察，从土地产权、周边环境、地质状况等方面权衡得失，选址定在鱼笱庙，认为那里面积大，地势平坦，前面临水，有东龙路贯通，又远离集市，无不良影响，治安也比较好，且旁边尚有空地甚多，可以利用，有利于将来发展。

县政府的训令一下，司徒氏积极行动起来，家族组织教伦堂捐献银圆5万元作为建筑费用，为开平中学新校区的建设提供了最大的资金保证，教学大楼红楼很快落成。关族民众也以宽阔的心胸接受政府的决定，对建校一如既往地给予支持，关族的家族组织光裕堂出资一万多元支持修建教师和学生宿舍。当地的一些其他姓氏的绅士和商人也纷纷捐款。民国二十五年（1936年）新开平中学第一期工程完成，学校从关鼎信祠堂迁入新校址。

鉴于司徒家族对兴盛开平教育的突出贡献，县政府在红楼的正中镌刻了“司徒氏教伦堂纪念堂”的横匾予以永远的表彰。红楼已经使用了70多年，是开平培养人才最多的教学大楼，成为开平教育事业的历史见证。

攻略 INFO

交通

1.公交：开平市义祠汽车站有开往赤坎方向的6路、9路中型客车，平均15分钟一趟，终点站为赤坎。4路、13路中型客车也经过赤坎。

2.租车：赤坎古镇距离开平市中心12千米左右，乘出租车也不贵。

3.自驾游：广深高速—虎门高速(经虎门大桥)—京珠高速东线—中江高速—江鹤高速—佛开高速(开阳高速)—塘口出口(或水口出口)，即可到达开平市内，再到赤坎古镇。

餐饮

赤坎的菜式很多，包括赤坎豆腐角、马冈濑粉、猪仔薯(干)、赤坎鸭粥都很不错。还有“煲仔饭”，既有豆腐味又有鱼味，鲜嫩滑口，大约10元一份。

住宿

碉民部落驿站位于赤坎镇河南路126号，电话：0750-2616222。

专题 开平的民俗风情

开平保留着很多具有民族特色和地方特色的传统节日，有春节、泮村灯会、端午龙舟竞赛等，还有乡村的嫁娶、婴儿满月、摆大寿、华侨还乡、新屋入伙等节庆。这些民俗风情是长期以来形成的独具特色的侨乡文化，展现了开平人民的淳朴和勤劳。

泮村灯会

泮村灯会，又称舞灯会，在每年农历正月十三举行。这个习俗，相传始于明朝，至今已有500多年历史，现在已经演变成一种大型的群众性民间艺术活动。灯会当天，众人云集，村内彩旗招展，家家户户张灯结彩。民间艺人用竹、木和各色彩纸，制成3米多高、装饰精致华美的大花灯。舞灯开始时，由各村事先选出的青壮年，抬着花灯，组成舞灯队伍，在醒狮、旗队的簇拥下，在锣鼓喧天、瑞狮欢舞、鞭炮声中，逐村逐场地舞动，热闹非凡。许多在外工作的人、港澳同胞和旅外华侨都专程回乡观赏灯会。

龙舟竞赛

“初一起，初二忌，初三初四划出屎，初五初六扛过基，初七初八沤泥屎。”这首在开平流传已久的民谣，生动形象地描绘了开平市龙舟竞赛的过程和人们参加龙舟竞赛活动的狂热程度。

龙舟竞赛又叫斗龙船，划龙舟，一般在端午节期间举行。开平有潭江、苍江两大河流，水网密布，人们多通晓水性，因此，当地人都很喜欢这项运动。每近端午，水口、龙东、月山、沙冈、杜冈等地的龙舟便会轮流当东道主，邀请附近的龙舟到该村作客。比赛常以一村为一龙舟队，有时还邀请邻近县、镇的龙舟队前来参加龙舟竞赛。竞渡以后，“主人家”还在村里大摆“龙舟饭”宴请宾客。

婴儿满月

孩子出生后满一个月，主人家就会摆酒席宴请亲朋戚友以示喜庆。亲友也按习俗给孩子送礼物。孩子的外婆除要给女儿（即孩子的母亲）送鸡酒甜醋外，还要给孩子送新衣帽、背带（背孩子用的）、包被、鞋袜等（俗称为送庚）。其他亲友也会送小手镯、项链、衣物等。有的家庭也会在这天同时举行为孩子命名、剃头的仪式。

新居入伙

在开平，新居落成入住，一般要举行入伙仪式，先安放“香火”，然后贴对联、鸣炮，再由家人肩挑新竹箩（内装稻米、圆肉、爆谷、柏叶、榕树叶等）、簸箕、米筛、小鸡、戽斗等依次进入，由小孩用戽斗向门内模拟戽水动作，即所谓做“戽归”（大富大贵）；备三牲拜祭天地、祖先，以祈求家人永保平安。这天，亲朋戚友都备镜画或喜帐、炮竹、酒、发糕等礼物前来庆贺，主人家则设宴请饮。

担节

婚后，尤以新婚头一两年为甚，逢年过节，女家都要送礼，所送礼物每以“担”计，两箩为一担，故称担节。如“担新年”、“担裹粽”、“担田了”、“担月饼”、“担冬节”等。

南楼纪念公园

华夏之魂融于楼

南楼是屹立在开平赤坎数千座碉楼中的一座极其普通的碉楼，它没有特别华丽的外表，但它作为历史的见证者，依然拥有重要地位。

在日寇肆虐、硝烟四起的年代，赤坎司徒氏七位抗日英雄在这里谱写了一曲精忠报国、气吞山河的伟大乐章。经过战火的洗礼和硝烟的熏染，弹痕累累，却依旧挺拔。华夏之魂深深地烙印在这座朴素碉楼的每一砖每一瓦之中。

南楼纪念公园名片

位置：广东省开平市赤坎镇腾蛟村

门票：20元。立园、自力村、马降龙、锦江里、赤坎影视城、南楼六景点通票180元

电话：0750-2679788（开平碉楼公司）

溯源

南楼是1913年住在赤坎古镇的司徒氏人为防盗贼而建的。

抗日战争期间，这里发生了震惊岭南的惨案，南楼的土地也浸染了革命烈士的鲜血。1983年开平县人民政府公布南楼为县文物保护单位。1999年开平市人民政府在原址建成南楼纪念公园、增设纪念馆、雕像、牌楼等景致。

布局

南楼，坐北向南，南临潭江，是三埠、赤坎的水陆交通要塞。它在赤坎古镇的东面不远，是游赤坎古镇的第一站。

南楼纪念公园的大门是一个四柱的牌坊，牌坊正中央挂着南楼两个大字。步入牌坊，南楼就映入眼帘。七烈士的雕像就在南楼的不远处。整个公园绿树环绕，与潭江相映。

南楼纪念公园全景

看点一 保障一方安全的“更楼”

南楼楼顶

南楼于1913年兴建，楼高7层，高约19.6米，占地面积约29平方米。南楼本身为钢筋混凝土结构，每层设有长方形射击口，第六层为瞭望台，设有机枪和探照灯。南楼是司徒氏人为防盗贼而建。准确地说，南楼算是“更楼”。更楼主要建在村口或村外山岗上、河岸边，高耸挺立，视野开阔，多配有探照灯和报警器，便于提前发现匪情，向各村预警，是周边村落联防需要的产物。而南楼就是赤坎古镇司徒氏人家的更楼，所以它才会建在赤坎古镇附近。

南楼内部完全不作分割，每层仅在一侧靠墙处设置联系上下交通的楼梯。六层四周悬挑廊式挑台，便于瞭望，顶层则在六层挑台中央凸出平顶式凉亭。这是华侨吸收世界各国建筑不同特点设计建造的。

碉楼最主要的功能是保障一方安全，那么对它的建筑形式提出了具体的要求。首先，它必须坚实稳固，易守难攻。其次，它还需要反击的设施，因为攻击是最好的防守。为了满足这些要求，碉楼在材料、楼高、墙体厚度、门窗的用材和大小、附属防卫攻击构件等方面花尽了心思，使碉楼形成为一个严密的防守单位。开平碉楼因地取材，山区多用石材，丘陵平原地区或钢筋混凝土或夯土。不论什么用材，它都远远比一般的民居坚固。南楼整座碉楼的用料全部用水泥、砂、石子和钢筋建成，建成之后，极为坚固耐用。其楼门为铁门，厚度达4厘米，每层都加固了铁栏杆。而更楼还有个特点：楼高，可以望远，还有利于居高临下地防卫攻击。南楼的窗户开口小，从防御心理来讲，越封闭就越有安全感，开窗小有利于楼内的人观察外面，而外面的人对楼内人们的活动无法了解。南楼已修建多年，久经岁月的冲刷，加上战争的洗礼，楼体有一些损坏，但是，整体依旧坚固，使得本就建得挺拔的南楼更多了些沧桑的英武之气。

南楼

南楼墙面的弹痕

看点二 有着悲壮故事的碉楼

南楼之所以在今天被人铭记，一方面因为它的建筑风格，另一方面是在这里曾发生过一段热血故事。南楼外墙至今还留有当年日军攻击时枪打炮轰的累累弹痕，这既是历史的有力见证，也是碉楼防卫效果的生动例证。

1945年，抗日战争已进入反攻阶段，7月16日，盘踞三埠的日寇，分兵三路进犯赤坎镇：左路由荻海、潮境、白沙扑向赤坎；中路以汽艇沿着潭江而上直犯赤坎；右路经波罗、楼冈、塘口迂回围攻赤坎。司徒氏四乡自卫队据守南楼抗击进犯之敌。敌人占领龙溪里，以机枪扫射牵制北楼，从水上猛袭南楼。驻守南楼的司徒氏四乡自卫队队员在楼顶架起白朗林轻机枪，狠狠地反击来犯之敌，击毙敌人10多人，迫使敌军后退。水路受阻，敌人不甘心，改从陆路进攻，他们在龙滚村登陆，妄图以龙滚村外的低荫田为掩护，向南楼摸来。自卫队队员居高临下，一目了然，便暗做准备，待敌人到达有效射程内，以机枪猛烈向敌人扫射，打得敌人狼狈逃窜。

敌军为了打通三埠之水上交通线，必须攻占南楼，扫除障碍。17日晚上，天下着雨，乌云密布，伸手不见五指。22时许，日寇趁风雨天黑，以汽艇沿江干扰，又派队从陆上偷袭。勇士们在楼顶架设轻机枪，设哨岗，同时在楼外陆路东、西、北三面放出哨兵，严密监视敌人动态。趁着天色漆黑，敌人从陆路向南楼包围而来，当时正在放哨的司徒承亨、司徒庭长被敌兵捅了7刀，身受重伤（后来治好），敌人乘机向南楼包围。徒氏四乡自卫队鉴于敌众我寡，决定突围，除突围者外，其余的人关上楼下铁门，凭楼坚守。

凭楼坚守的七壮士是：

司徒煦：34岁，副队长，树溪东华坊人。

司徒旋：21岁，宣传员兼书记，塘边南闸人。

司徒遇：30岁，班长兼机枪手，腾蛟里人。

司徒昌：38岁，上士兼情报员，塘边人。

司徒耀：24岁，上士兼机枪手，旋溪里人。.

司徒浓：28岁，机枪手，天然里人。

司徒丙：18岁，队员，夏岚里人。

当时楼内只有粮食20多斤（约10千克），食水短缺，弹药也有限，但丝毫没有动摇他们坚守的决心。他们斗志旺盛，在墙壁上写下了血书，誓与碉楼共存亡，没有水，就接雨水，火柴用尽，就用棉絮搓成棉条引留火种。他们坚守八天，给敌人以重创。敌人多天疯狂进攻，未能得逞，而且伤亡惨重，因而恼羞成怒，先后在南楼对岸高咀村大冲口及南楼的西面天然里架起大炮数门，向南楼轰击，企图摧毁南楼。炮声隆隆，黑烟弥漫，将南楼的楼墙铁窗打破，穿成大洞，炮弹在楼内爆炸。灭绝人性的日军最后竟然违反国际公法施放毒气弹，七壮士因中毒气昏厥，落入敌手。

日寇将七壮士拖押至司徒图书馆，百般折磨后将七壮士杀害，抛尸潭江，尸体流到天然里附近，乡民将他们捞起，除司徒煦烈士不知去向之外，其余六烈士得到了妥善安葬。

1945年8月15日，日本侵略者宣布无条件投降。8月25日，由司徒氏四乡事业促进会发起，在开平一中广场，召开隆重的追悼会，到会群众及各界人士共约3万余人，祭奠司徒氏七烈士。其后，将七壮士灵位安放在腾蛟三灵宫古庙，并将该古庙改为“七烈祠”，永留纪念。

攻略 INFO

交通

1.公交：开平市义祠汽车站始发的6路公交车有南楼站，平均10分钟一趟。

2.租车：南楼纪念公园在开平市郊，乘出租车也不贵。

餐饮

距离开平市区、赤坎古镇都很近，可以去赤坎古镇尝一尝古镇的特色小吃，例如豆腐角。豆腐角是一种以豆腐为主要原料的风味小吃，在开平拥有悠久的历史，其中以赤坎镇的豆腐角最为有名。其口感爽滑，外脆内酥，热吃味道尤佳。

住宿

可选择在赤坎住宿，碉民部落驿站位于赤坎镇河南路126号，电话：0750-2616222。也可以在开平市区住宿。

马降龙碉楼群

世界至美的村落

马降龙村落可谓依山傍水，前面是蜿蜒的潭江河，绿波荡漾的河面后面，接连着一大片碧翠欲滴的竹林，竹林后面则是黛青色的百足山。马降龙村落里的五座自然村像一条珠链，错落有致地分布在青山绿水之间。

马降龙村生态环境十分优美，曾被联合国专家赞誉为“世界至美的村落”，明媚的阳光下，马降龙灰白色的碉楼，在一片碧波中间若隐若现。13座美轮美奂的碉楼像一颗颗珍珠散落在村中的竹林里，与周围民居、自然环境融为一体，登高远眺，犹如翠竹绿浪丛中的“海市蜃楼”。

> **马降龙碉楼群名片**
>
> 头衔：世界文化遗产、全国重点文物保护单位
>
> 位置：广东省开平市百合镇马降龙村
>
> 门票：50元，立园、自力村、马降龙、锦江里、赤坎影视城、南楼六景点通票180元
>
> 电话：0750-2679788（开平碉楼公司）
>
> 网址：http://www.kptour.com/index.htm

溯源

马降龙村原名“丰岁萌”，寓意岁岁丰收。“马降龙”是村民们从自然环境出发取的新名。村后百足山似奔腾的骏马，村前潭江如蛟龙翻江倒海，常年泛滥成灾，村民们希望以马降龙，免遭洪涝之害，因此在1949年改名“马降龙”。村子现有村民170余户，80%左右是侨户，主要分布在美国、加拿大、墨西哥、澳大利亚等国家。

马降龙村落由永安、南安、庆临、河东、龙江五座自然村组成，主要是由黄、关两姓家族在清朝末年和民国初年兴建的，而最早的永安村建于清乾隆年间。村里的碉楼由海外华侨回家修建，主要是用来抵御当时猖獗的土匪和频繁的洪涝灾害。具有代表性的天禄楼建于19世纪20年代中期，其他的14座碉楼于19世纪的二三十年代陆续建成。碉楼也很有效地发挥了作用。据记载，1963年、1965年、1968年开平连续发生三次大水灾，洪水漫过民居屋顶，村民登楼才得以避难。

布局

马降龙村落隶属于开平市的百合镇，东北距离开平市区15千米，坐落在潭江东岸的河谷平原。

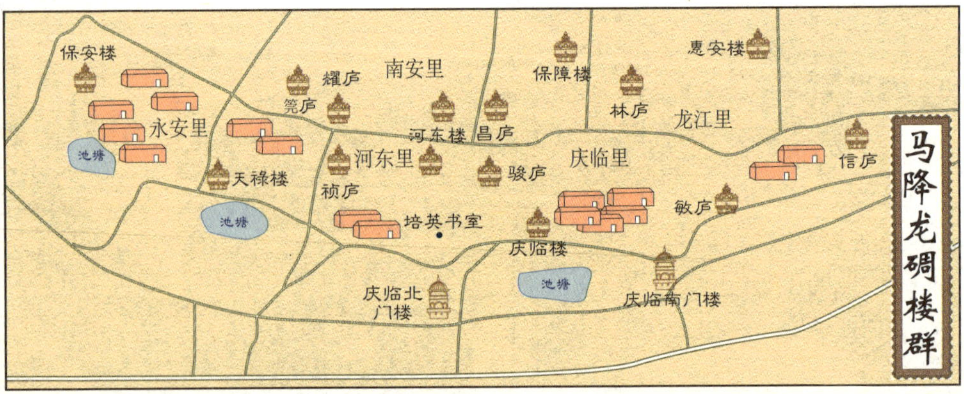

马降龙全景

马降龙碉楼群具有**理想居所的“四要素”——左青龙，右白虎，前朱雀，后玄武**。整个村落群以气势磅礴的百足山为“玄武”靠山，以左右两边的小山冈作为“青龙、白虎”护卫山，以前面的开阔地、池塘、潭江为“朱雀”。马降龙村落的五座自然村，沿着潭江一字排开，保安楼、天禄楼、河东楼、保障楼、惠安楼、庆临南门楼、庆临北门楼七座碉楼和楚庐、耀庐、祯庐、林庐、骏庐、昌庐、敏庐、信庐八座西式别墅错落有致地分布在村落各处。

马降龙碉楼有私楼和众楼之分，由华侨、港澳同胞或乡民独资兴建的属私楼，集资建造的是众楼。碉楼多为2~7层，主要有中国硬山顶式、欧美别墅式和英、德古堡式等建筑模式，体现了本土传统的人居环境融西方的建筑工艺和文化内涵为一体的风格。

精品建筑 天禄楼

众人起楼楼更高

天禄楼地处马降龙村最西端永安村的后侧一角，是1925年由29户黄氏村民集资兴建的，耗资12 000多大洋，相当于现在的48万元人民币。

天禄楼是典型的众楼。为钢筋混凝土结构，水泥钢筋等材料都是当年在澳门购买的。楼共7层，高27米，楼身为方形。一至五层均划分为房间，是内廊式设计，因此每层房间采光充足；中间的走廊将各房间连在一起；楼梯在走廊的一端；一层5个房间，二至五每层6个房间，共有29个房间，每个房间8平方米左右，每个房间门外写有房主姓名和房间号码；因为空间不大，房间里只有一张床、一张桌及储藏箱柜，还有必备的水壶、食物等。

六层是环形阳台，有8根柱子支撑，四周的走廊是敞开且相通，中间的挑台向外悬挑0.76米，是在楼里过夜的人娱乐消遣的公共活动空间，也用做眺望和防守。七层为四角亭瞭望台，围有钢筋栏杆，是军械库的所在地和值勤人员的哨位，站立四眺，楼后为大片的竹林，远处为百足山，前瞰潭江，四周景色美不胜收。每层至少有3个窗洞，因防御需要，窗洞尺寸较小，宽690毫米，高865毫米，同时首层窗台高度较高，约2米。

为什么建这座楼还有一个故事。当时，村东几千米处，有一个土匪窝。村民黄树建的两个儿子，在去上学的途中被土匪绑架了，后来花了4000大洋才把两人赎回来。这件事对侨居在外和留守在家的村民震动很大。大家合计，只有团结起来才能保卫自己的家园，就想到了集资建碉楼。牵头人是在悉尼做药材生意的澳大利亚华侨黄林德。

这座碉楼的修建堪称是**中国人集资建房的一个典型，因为它在价格与方法上与现代社会完全一致。每个集资户各有1间房屋，而且房屋的定价十分合理**。除了六、七层两层，一至五层是29户集资建楼的村民的房间。不同的楼层房价也不

昌庐

一样，其中一层和五层每间的房价为银元400大洋，二层和四层每间500大洋，三层每间需要600大洋。每户可根据自己的经济状况自愿认购。族人中没有钱购房者也没关系，可以以工代款，就这样边集资边建造，钱不够时就由黄林德先行垫付。现在，天禄楼第三层的房间全归黄林德的后人所有。

当时，为避土匪，村人每天吃过晚饭，就会把家中的男丁送入天禄楼。晚上10点，天禄楼的大门准时锁上，直到第二天早上才开门，让里面的人出来下地干活或者上学，因此，天禄楼又被人称为“男人楼”。在碉楼上锁前，还会为在里面过夜的人预先准备开水和食物，楼里还有人拿着枪值班看更，一有匪情便敲响锣报警。抗日战争时期，日军曾来过，村民把值钱的东西都存在楼里，上了锁，从二楼一个窗口爬下，躲进山里去了。日军来了，敲敲楼门进不去，就走了。

天禄楼窗户

解说 女屋

永安村里男人们晚上都住进了碉楼，女人为了找个伴，晚上也会同住在一间屋里，人们称之为女屋。女屋不是有特定的碉楼，多是村中年轻的女孩子找伴，然后在一家房舍宽裕人家里共睡，每人自己带枕头被褥，而到女屋过夜的女孩子，多是房舍紧张的家庭。女屋当时在当地其他不少村中也很流行。

精品建筑 骏庐

登高极目赏碉楼

骏庐坐东朝西，位于马降龙中部的庆临村。骏庐楼高三层，钢筋混凝土结构，宏伟坚固。骏庐建于1936年，耗资12 000余银元，楼主关崇骏是旅居加拿大的华侨。承建人是当时在赤坎开祯记公司的恩平人吴波，如今在骏庐大门上方的水磨石墙面上还可看到嵌有“民国二十五年祯记吴波建造”字样。

马降龙碉楼群只有两个碉楼允许游客进入，骏庐是其中的一个。骏庐四周被竹林树木紧紧围着，虽历经岁月打磨，但暗红色外墙上的漂亮精美的水泥浮雕依旧清晰可见。

骏庐上下分三段处理：一、二层为楼身，简洁的墙体上，利用上下两层窗的西洋纹饰的窗套形成整体的立面形象和竖向的构图，使建筑显示出挺拔秀气的风韵；第三层采用了大进深的三面开敞的外廊形式，与下面相对封闭的外观形成鲜明的对比，变化的拱梁和柱间与下部槛墙、上部女儿墙的灰塑装饰，体现出建筑的华丽与亲切。顶部造型丰富的西

铁门背面有重重机关

雕楼天井

骏庐

洋涡卷山花和端部的展翅雄鹰雕饰，逐步收敛的造型，成为建筑的视觉焦点，其与梯间的山花前后呼应，使建筑轮廓愈加富有层次。而梯间顶部后角的中国传统化的金属制铁刹，表明庐居主人依然寄希望它发挥神奇的趋吉避凶的作用。

骏庐窗户窄小，安有钢筋栅栏，窗户由厚钢板制成。窗户四周的图案充满民国韵味，背面还有许多小机关。大门用进口的钢板制成，足有5厘米厚，背面上下有多重暗锁。门楣上是一幅艳丽的山水画，远山近水。宅子顶部装饰着精美的欧式巴洛克山花浮雕、欧式圆柱，中心部位镶嵌着一块中式浮雕匾额，刻着“骏庐”两个大字。

骏庐内，厨房、卧室、客厅、厕所、贮藏室一应俱全。一层主要是厨房，锅灶炊具、桌椅等生活用具原样摆放。身在其中，恍若回到20世纪20年代中国传统南方民居内，一种很安详、平和的气氛，让人感觉亲切、放松，甚至是熟悉，好像回到了分别已久的家中。二层以上是起居室。沿着楼梯上二楼，地面铺设的意大利原装进口的地砖，现在仍完整无损，花纹和色彩依旧很鲜艳。二楼和三楼正厅的地板中央都开有一个约1.2米的“天井”，上面罩有铁条焊制的盖板，透过铁条间逢隙能观察到楼下的情况。

三楼正厅有一个中西合璧的神龛，里面的神位是中式的，外面的柱子又是西式的。神龛下是一幅很有创意的狮子滚地球的图案，而不是传统的狮子滚绣球，寓意华人走遍全球。三楼还有一个漂亮的内嵌式阳台，墙面上有多幅民国时期的图画，几十年过去了，图像依旧清晰鲜艳。

屋顶是楼主精心设计的天台。**天台周围的女儿墙是典型的欧式造型，不仅起护栏作用，更显出一种装饰美感**。靠门面的女儿墙比周边要来得高耸一些，形成一个“山”字形，边缘有一些装饰的图案和微雕。

站在天台上，可以看到整个马降龙的全貌，座座碉楼掩映于竹林之中，人在其中，如入仙境。

窗户

碉楼上的灰雕

林庐大门

> **解说 天井**
> 天井口的设计主要用于防洪和防匪。当洪水漫进楼内时，掀开铁盖板可迅速把楼下的比较贵重的东西用绳索吊到楼上来。同时，骏庐内部的楼梯和铁门都非常狭小，狭小的楼梯使强盗不能迅速冲上二楼，而主人则有时间锁起铁门把强盗堵在门外，然后从二楼拿枪透过天井射击强盗。天井还有一个附属作用就是让楼上楼下的人通话更加方便，更易听清对方的话。

精品建筑 林庐

家住绿水青山畔

林庐在骏庐的东北角，建于1936年，是楼主关定林晚清时在墨西哥做百货批发发迹后修建的。林庐是马降龙碉楼群中另一个游客可以进入的碉楼。

林庐大门前面有一个用竹篱围起来的约一米高的桶形水泥墩子，旁边有一块黑色的解说牌。当年建楼所用的水泥是从英国进口的，林庐竣工后主人把剩余的一桶水泥扔在这里，年代久了，外包装木桶腐烂了，而里面的水泥就凝结成现在这个样子。

林庐整体构造和内部布局跟骏庐十分相似。宅子里放置着竹碾、老式织布机、农具等很多极具农家气息的用具。二楼堆着红毛泥桶，还有很多酒缸菜坛，厅堂里的对联是“家住绿水青山畔，人在春风和气中”，不仅林庐烘托得古意盎然，也描绘出了马降龙村的恬静悠然。林庐三楼也有神龛，但特别的是神龛上有一只舒展翅膀的雄鹰。鹰是墨西哥国徽的标志。据说，对自己的发迹之地墨西哥怀有感恩之情的关定林，在林庐建神龛的时候，特地交代工匠把鹰的形象雕在了上面。

林庐南方是庆临楼，再向南便是庆临村的池塘了。据村里的老人说，周边每一个村子前面都有一个池塘，但都是方形的，唯独庆临村的池塘是月牙形的；而且月牙塘从没有干涸，塘水也从未溢过堤岸。至于原因，村人有两种说法：有人说，村里的华侨大部分到国外谋生，村里水塘的水都渗到村前的潭江里，护送出国的村人漂洋过海；还有人说，月牙塘是庆临村的“文脉”，塘为砚，水为墨，村前挺直的棕榈树是笔，晒谷场为纸，使村子文风鼎盛。月牙塘的一边有一口水井，叫“女孩井”，另一边还有一口井叫“男孩井”，相传村里谁想生女孩子，就喝“女孩井”的水，谁想生男孩子，就喝“男孩井”的水。这些古老而又美丽的传说为这个村子更增了加神秘色彩。

林庐

当年装盛“红毛泥”的木桶

外墙上的灰雕

碉楼内尘封的家具

精品建筑 闸楼

村子的“防卫兵”

闸楼是位于村口值更警戒用的建筑物，其建筑形式较简单，一般为二层门式碉楼，楼下为村子的出入口，有坚固的门户设置，楼上则是值更、瞭望警戒和防卫的地方。**闸楼往往建在村子的主要入口处，是进村的必经之路，与传统的门楼有异曲同工之妙，只是闸楼的防卫性更强**。根据村子的具体情况，有一村一闸楼、一村两闸楼等。**闸楼和碉楼前后呼应，形成整个村子的警戒和防卫体系**，由于开平大部分村子是开放式的，所以这类碉楼并不多，现存的仅有33座。但是闸楼的造型各异，有的造型复杂，讲究艺术性。

马降龙庆临村属于一村两闸楼式，两个闸楼一左一右建在村子前面两个主要出入口，为二层的混凝土结构门楼式建

⊙马降龙村口的闸楼

民居巷道

筑，前后有高大的门洞，狭窄的楼体设置在门内侧，层高达3.8米，首层立面内凹的矩形入口和上方两侧眼睛圆窗完全是传统的门楼脸谱。而二层则完全是西式风格，用牛腿支撑出周围的挑台，正面女儿墙上写着“庆临里”三个楷书大字。收缩的二楼值更室前面有三个简易拱券作为前廊，上方为巴洛克风格的山花，屋顶则采用了四角攒尖的形式，四脊的端部是仿中式建筑的起翘的做法，而顶部则是西式的柱式装饰。

楚庐

马降龙民居

精品建筑 马降龙民居

方整而和谐统一

马降龙五个村落就坐落在百足山下的竹海之中，各村落格局大同小异，宗祠、池塘、古榕、晒场等公共活动和祭祖的场所都在村前，两侧村口建有闸楼，四周林木围护。

村落民居为棋盘式布局，规整严谨，横直对齐；房屋的式样也一律为三间两廊的传统形式，统一的青砖素面墙，歇山式两面坡，土瓦覆顶；房脊有早期的船脊和后期的草龙脊、凤头脊等样式。村落首排房屋的造型式样统一，两廊上面竖起女儿墙，博古脊的下面是乡村工匠创作的大幅灰塑浮雕仙鹤、麒麟、孔雀、瑞狮、祥龙和松树、牡丹、荷花、修竹、宝葫芦以及暗八仙，额联书法出自人工匠的刀笔，栩栩如生，展示出村民质朴、自然的情趣爱好和精神追求。后排房屋的外墙装饰集中在门楣上面，或灰塑或壁画，**在整体统一的房屋造型中，村民们借建筑的细部装饰来表现自己的个性，很好地处理了个体与群体的关系**。

庆临村是马降龙村落中格局最典型的代表。40幢民居，是庆临村的主体建筑，呈棋盘式、高密度集中布置在村中央，成排成行，平面整齐划一。前后民居建筑之间空隙多为50厘米；纵向两列建筑之间为巷，称为里、火巷，是村内主

马降龙村中一角

要的交通道，道旁是排水沟。纵巷横巷，垂直交错，或用砖砌或铺条石。**全村的住宅宅基面顺坡而下，前低后高，后面的房屋建筑可以比前一间高两三块砖，绝不能相反，**全村屋顶的前低后高，表达的是“步步高升”之义。全村住宅的建筑式样也很统一，尤其是村首一排，按照规划设计，建成统一式样。每一户都是三间两廊，门开两侧，面向村巷，封闭性较强，但户内天井小院作为公共活动的空间，故在门的设计上呈现出外封闭而内开敞的特点，在大门外再加一道通透的木栅门，当地称为“躺笼”。天气炎热时大门敞开，关闭木栅门，通风又防盗。有的不置躺笼，而是加一道矮栅门，同样是为了通风和安全。

村中的黄宅是一个非常典型的三间两廊建筑。黄宅采用空斗砖墙、杉木檩条、桷板、辘筒瓦面；门窗均不设在建筑的正立面和背立面上，而是在两侧设门和小窗，解决房屋的进出和采光问题；设有天井，担任着沟通内外、流线组织、室内外排水等重任。

攻略 INFO

交通

1.租车：马降龙村距离开平市区不算太远，乘出租车大约30元。

2.公共交通：在开平长沙汽车总站（开平市长沙西郊路28号，0750-2322591）乘坐金鸡、那扶、高龙、东山等方向的乡镇班车，在百合站下车，过百合大桥即是马降龙村。或者乘坐义祠客运站始发的13路公交车，在马降龙路口下车。

3.自驾游：深圳方向：广深高速—虎门高速(经虎门大桥)—京珠高速东线—中江高速—江鹤高速—佛开高速(开阳高速)—塘口出口(或水口出口)—G325—马降龙碉楼群。广州方向：广佛高速-佛开高速(开阳高速)—塘口出口(或水口出口)—G325—马降龙碉楼群。珠海、中山方向：江珠高速—江鹤高速—佛开高速(开阳高速)—塘口出口(或水口出口)—G325—马降龙碉楼群。

行程

入口—天禄楼—保安楼—竞庐—耀庐—祯庐—河东楼—骏庐—昌庐—保障楼—林庐—惠安楼—信庐—敏庐—庆临南楼—庆临北楼—出口。

餐饮

村中有当地农家自己开的土菜馆，菜馆里的食材都是农家自己种的蔬菜，自家养的鸡、鸭、鹅，味道鲜美。

住宿

马降龙附近有一家很有特色的碉民部落旅店（河南路126号），条件设施齐全，价格也很实惠。

也可去开平市区住宿，如开平大厦酒店（三埠镇长沙文新路19-21号）及开平潭江半岛酒店（中银路2号）、开平海伦堡大酒店（三江大道1号）。

适庐

罕见的泥楼

虾边村村口一块不起眼的旧木牌写着“虾边村”几个字，沿着旁边狭窄的沙石小路进村，很快就能看见池塘和晒谷场旁边的一座碉楼，它矗立在民居之间，特别引人注目，这就是著名的适庐。适庐被周围的民居包围着，篱笆、绿树把碉楼的首层围得严严实实，与周围乡村的低矮平房风格迥异，造型独特，大气庄重。

适庐名片

头衔：全国重点文物保护单位

位置：广东省开平市百合镇厚山村行政虾边村

电话：0750-2679788（开平碉楼公司）

适庐匾额

溯源

当年的开平，地瘠人贫，水患频繁，一部分有胆气的开平人就漂洋过海，出国做工；另一群走投无路的人就落草为寇，开平一代流寇蜂起，并打起那些漂洋过海、稍有积蓄的“金山伯”的主意。“一个脚印三个贼”，说的就是金山伯前脚刚踩出一个脚印回家，一群贼就后脚紧追而至的恐怖情景。

从1912年至1926年这14年中，土匪劫开平地区的学校达8次，掳教师、学生百余人。其中，1922年12月众匪伙劫赤坎地区开平中学时，被鹰村碉楼探照灯照射，当地乡团及时截击，截回校长及学生17人。此事轰动全县，海外开平华侨闻讯也十分惊喜，觉得碉楼在防范匪患中起了作用，因此，在外节衣缩食，集资汇回家乡建碉楼。

适庐建于1924年，楼主关以文是旅居秘鲁的华侨。适庐就是为抵御周边的土匪，保护家人的生命财产安全所建的，在建造过程中，除十多名“水泥佬”外，楼主关以文一家均亲自动手。

解说 水泥佬

开平侨乡有大批乡村建筑工匠，他们大多没有经过正规建筑专业学习，而是通过师傅带徒弟的方式在实践中成长为工匠。当地人称之为“水泥佬”。这些工匠不少是世代相传、子承父业的。他们一般没有独立的公司，没有稳定的施工队伍，游走于乡村之间，接到工程后便临时雇佣施工人员，相互关系松散，但他们同样是开平碉楼创建的重要力量。

布局

在虾边村旁边的公路上就能看见适庐的侧影。适庐是夯土与钢筋混凝土混合结构的居楼，共5层，占地面积约36平方米。下面3层是标准层，顶部2层为欧洲城堡式建筑，欧式风格的亭子，正面的墙面上依稀可见“适庐”二字。第四层正面为柱廊式建筑，四角都设有“燕子窝”，里面设有射击孔。骏庐墙面上窗洞的尺寸都是采用黄金分割比设计的，两层通高的西式窗套加强了适庐的竖向构图，**顶部装饰华丽的涡卷山花和雕塑形成了建筑的视觉焦点。这种建筑造型是西方建筑中非常成熟的建筑艺术手法。**

关以文的女儿关曼青现在已经80多岁了，她在适庐里度过了难忘的童年，至今，楼顶上仍然摆放着她和家人为防土匪搬来的石块。

解说亭子 开平碉楼的楼顶中心位置常常可见各种各样的亭子。亭子的出现使碉楼的轮廓在顶部得到聚敛，在视觉上将楼体向上拉伸，更显高大，又为庄重的碉楼增添了轻巧灵秀的气氛。同时还为楼顶的纳凉和休憩提供了遮阳避雨的条件。

看点一 “三合土”碉楼

开平碉楼大多是用钢筋混凝土修筑的，水泥、钢筋多为国外进口，但是适庐却是一座罕见的“泥楼”，而建造所用的铁筋、铁板都是楼主关以文开铁铺的亲戚赠送的。

适庐一到三层的楼身的确与众不同，是少见的黄褐色；而砌筑的材料也非砖非石，是当地的“三合土”。据说，这种三合土是用黄泥、石灰和砂加上黄糖（红糖）或糯米拌和而成，然后沤制一年，以增加黏结性，才可用于建楼，沤制期间还要定期翻动，防止板结。筑楼时，运用我国古代的夯土技术，以板筑的方式进行，以两块大木板固定住墙壁两边，将搅拌好的混合黄泥一点一点倒入其中，然后用粗木椿把夹板内的黄泥夯实，干燥后定型成为墙体。墙体约50厘米厚，其坚固程度可与钢筋水泥媲美，而且建成之后的房子比水泥造的房子阴凉，有浓厚的中国传统建筑风格。

古色古香的适庐屹立至今，已经80多年，其融合了中西

适庐楼顶

攻略 INFO

交通

1.公交：在开平乘坐13路公交车，在百合站下车，一直向前步行约1千米，便可到达虾边村。

2.自驾游：从开平市城区进入G325，行驶约17千米，过利安加油站后进入S275，行驶不到4千米进入虾边村。

食宿

在附近的赤坎镇，上特色饭馆可以品尝当地的豆腐角等小吃和美食；镇子上的碉民部落旅店很有当地风情；开平市区酒店的设施和环境相对较好，也可以选择在市区的酒店食宿。

适庐外墙

方建筑艺术，堪称最典型、最精美的“三合土”碉楼。

看点二 革命活动的据点

1924年，开平第一个农民协会——百合虾边农民协会成立，楼主关以文担任开平县农民协会的第一任委员长。关以文是开平的第一批中共党员之一、第一个赤卫队员，适庐也因此成为当时的革命活动据点，他和委员们经常在适庐里研究农会事务，开展各项革命活动。之后由于国民党的搜捕，关以文转至香港、马来西亚、新加坡等地继续进行革命活动，抗日战争爆发后又返回开平从事抗日救亡活动。关以文后来因年迈不慎从楼梯上摔下，不治身亡，终年64岁。

关以文去世后，其儿媳仍然积极支持开平地下党的活动，曾安排地下党员住在适庐从事革命宣传，并成为当时共产党粤中支队的一个秘密联络点，直至新中国成立。1946年，党组织特派员李克平及其妻子为了能更好地开展地下工作，被安排到虾边村工作，但是他们的生活条件非常艰苦，住的房子很小，又黑又湿。关以文的儿媳妇知道李克平夫妇的难处后，便主动提出让他们到适庐居住。

解说 早年的关以文

适庐楼主关以文是一位早年出洋到秘鲁的华侨。他在海外一心要推翻腐败的清朝政权，加入了孙中山创兴的兴中会，1905年又转入同盟会，是最早的同盟会会员之一。辛亥革命期间，孙中山曾先后送他“天下为公”、“博爱”等三幅字画，可见他们深厚的友谊。

中华民国成立后，关以文满怀希望回到家乡，看到的却仍然是一幅军阀混战、人民穷困潦倒的情景，他大失所望，又携妻子儿女移居香港。但是，关以文是一位进取心很强的革命战士。在1925年，他受共产党员关仲的影响，又举家回乡，在当年10月成立了开平县第一个农民组织——百合虾边农民协会，并当选为委员长。次年，关以文加入中国共产党，成为开平最早的共产党员之一。

适庐

雁平楼

与天际飞雁齐平

温润的气候让岭南的田野似乎永远泛着丰富的绿色，绿海中漂浮着座座碉楼，如一艘艘靠岸休憩的巨轮，随时准备扬帆远航。而夕阳下的雁平楼，呈现出金黄的暖色调，如波涛中行驶的华美宫殿，简直就是一幅绝美的风景画。

雁平楼名片

头衔：全国重点文物保护单位

位置：广东省开平市百合镇齐塘村委会河带村

电话：0750-2679788（开平碉楼公司）

溯源

雁平楼楼主是加拿大华侨黄沾春，他生于1880年，是清朝贡生黄升桂的嫡孙。1894年奉父命出洋留学，四年后回家结婚，三年后携妻妾移居加拿大，1922年举家归乡。

黄沾春的父亲曾遭土匪绑架勒索，后来经过营救，才免被害。黄沾春考虑到父亲的安危，在1924年修建了雁平楼。雁平楼耗资三万双毫银（双毫银是清末至20世纪二三十年代广东自行铸造、使用的货币），相当于现在的24万元人民币。当时雁平楼是当地最高的建筑，楼主黄沾春觉得自己盖的碉楼虽然只有5层，却足以和天空中飞过的大雁一比高低，所以就给它取名为“雁平楼”。

布局

雁平楼四周空旷，楼前几课茂盛的树木遮住楼身，只露出绝美的楼顶建筑，远远看去如“犹抱琵琶半遮面”的美人。

雁平楼坐北朝南，楼共5层，占地面积约120平方米。楼身为方形，厚重、大气，非常壮观，占地比一般的碉楼都要多；墙身青灰色，灰雕图案隐约可见，而楼匾上的楼名在岁月的洗礼下已模糊不清。雁平楼的墙面采用砖、钢筋混凝土材料，连屋脊也用混凝土按照当地传统做成起翘的形式。檐部下方由实体墙面支撑，墙面上通过极浅的进退关系，雕刻出拱廊的纹样。和开平众多的碉楼一样，雁平楼也是狭长的铁质门窗，第一层的窗户距离地面较高，这些设计可以用来以抵御周边的匪患。

雁平楼大门

解说匾额

中国传统建筑中稍有名气的都会悬挂匾额，挂在建筑外檐下正中间题字的横牌都叫匾额，也有人细分做横式的叫“匾”，竖式的为“额”。按此分法，开平碉楼上的应该叫做“匾”了，碉楼的匾额多出现在山花下面，或挑台的实体栏板正中央，占据重要的位置，牌匾上的题字为碉楼的名称，可能大多是用大抓笔题写的榜书，苍劲有力，旁边会用小字记录碉楼修建的时间。

雁平楼回廊局部

看点 独特的楼顶设计

据考证，雁平楼由开平的本土建筑师设计而成，造型和装饰虽比不上铭石楼、瑞石楼等著名碉楼的华丽，但是其楼顶设计却非常独特。雁平楼在西式平顶的基础上，局部突起部分采用实墙面加中式屋顶的形式，屋面和屋顶开始向西式变异，形态上融合了中西式建筑的特征。

雁平楼的楼顶在造型上明快、开放，柱廊式的设计是源自希腊神庙的古典建筑样式，由等距离排列的西式立柱与券拱结合，呈开敞状；券拱为古罗马的券拱，带有明显的罗马建筑风格。楼身上部造型分三层，四面悬挑，第三层向外飘出，每个立面各有10根廊柱支撑，蔚

雁平楼灰雕

为壮观；第四、五层依次缩入，五层顶部位于层层收进的拱廊中央，在外观上为传统的四角攒尖顶形式，与楼顶建筑组成“金字塔”形。三、四两层各有一圈完整的柱廊，廊柱和拱券的过渡非常优雅，柱廊形成的光影变化更增加了雁平楼的独特的艺术魅力。

碉楼的廊柱

△雁平楼

解说 挑台

开平碉楼多以钢筋混凝土为材料，引进西式建筑的营造技术，因此使挑台造型在开平碉楼中极为常见，并在很短的时间内，发展出丰富多样的形态特征。挑台的形式与碉楼的使用需求和整体造型等因素有关，反映出楼主的审美趣味和经济状况。挑台在功能方面扩大了碉楼上部的使用面积，改良了碉楼的通风条件，最重要的是扩大了防御范围——在出挑部分的底部开设射击孔，就可以增加向下的火力，特别是大门的正上方有个向下的射击孔，可以防御匪盗破门而入。

攻略 INFO

交通

1.公交：在开平乘坐13路公交，在齐塘站下车，便能看见雁平楼。

2.自驾游：走325国道，在Y062出口下高速，一直行驶不到3千米，便能看见路边的雁平楼。

食宿

可以到赤坎镇品尝当地的特色菜，同时，赤坎镇的碉民部落旅店装修很有特色，设施齐全而且价格也比较便宜；当然，也可以选择去条件更好的开平市区住宿。

锦江里碉楼群

诗意村庄

清风拨开芦苇荡，牛儿在坡上吃草，坡下的油菜花和稻田黄油油的一片，远处绿得正浓的高树静静地守护着这个安详平和的小村子——锦江里。

开平大地上最高的一座碉楼——瑞石楼就矗立在这个安静的小村庄里。这里的建筑与村子安静的氛围十分协调。在瑞石楼的边上，锦江楼和升峰楼也沉稳地经历着岁月的变迁，安详美好却又历经沧桑。

蓝天、绿地、河流、村落、田野、山峦、竹林、水塘。这里拥有着大自然赋予的最美的一切，置身于此，可享受到来身的安适、心的沉静。

锦江里名片

头衔：世界文化遗产、国家重点文物保护单位

位置：广东省开平蚬冈镇锦江里，距开平市区东北30千米

门票：50元，如果登顶瑞石楼需另加20元。电话：0750-2679788（开平碉楼公司）

网址：http://www.kptour.com/index.htm

溯源

清朝光绪年间（1875-1908年），由黄氏家族按规划建成锦江里村。村子的规划十分整齐有序，因为建村之初，由当时比较有威望的黄贻桂划定村首界面线，规定纵巷宽1.5米，每三排建一横隔巷，第一条横隔巷宽1.5米，从第二条横隔巷开始一律宽60厘米，划出统一面积的宅基地由族人认购，要求房屋统一为6米高。

民国七年（1918年），村民集资在村后中部兴建了锦江楼。民国十七年（1928年），赴美谋生，后来经商致富的黄

峰秀在家乡兴建了升峰楼。民国十二年至十四年（1923–1925 年）黄璧秀修建瑞石楼。

布局

锦江里这个小村庄是沿锦江而建，而锦江就是开平潭江的上游，正好处于锦江里的中轴线上，而且锦江里这个名称让人觉得富有诗意。锦江里的门楼上写着一副对联：“锦上枝头千载福，江环梓里兆民丰”，把锦、江二字巧妙地融合进去。村子沿着锦江河一字排开。河堤和村屋一般高。

锦江里坐落在潭江河谷丘陵平原，坐西北朝东南，紧靠潭江西岸，清澈的潭江由西南向东北缓缓流过村前，它既方便了村民的饮水灌溉，又是捕鱼、放养鸭鹅的生产场地。潭江因

锦江里全景

瑞石楼

△瑞石楼

此被称为锦江里村落的财富之源，至今村民们还在河里放鸭捕鱼。锦江里东、西村口各有一个闸门，茂密的竹林构成村落的屏障和优美的景观背景，几十户民居掩映在竹林之中，环境自然和谐。

村外稻田环绕，阡陌纵横。被竹林簇拥的瑞石楼、升峰楼、锦江楼三座碉楼并列成排，坐落在村后东头，守卫着村落家园。露出林端的高高楼体，成为该村的亮丽景观。登楼远望，村落中轴线与远在数千米以外的山峰相应，环顾四周，田园风光尽收眼底。

精品建筑 瑞石楼

开平第一楼

包围在一片竹林中的瑞石楼，是中西建筑风格完好结合的典型，也是开平现存最高、最美的碉楼，有“开平第一楼”之称，它富丽堂皇，楼高9层、25米。

瑞石楼的主人叫黄璧秀（号瑞石），清朝末年漂洋到美国谋生。后来，他又将两个儿子黄畅兰和黄赐兰带出国。生意做大后，父子三人又在香港经营药材和钱庄。厨师出身的黄璧秀其实是个美学大师，因为年迈的父母及妻子都在锦江里的老家，他一心想要在家里建一栋最漂亮的碉楼。同在香港的他的侄儿黄滋南最理解他的心愿，而黄滋南恰巧是一个业余的画家，并最擅长画建筑素描，瑞石楼的草图也是由黄滋南起草后交给黄璧秀定稿的。1921年，黄璧秀回乡，开始筹划建碉楼，1923年正式动

瑞石楼楼顶

工，负责木工的是恩平县的黄栋师傅。

瑞石楼以黄璧秀的字号“瑞石”命名，“瑞石”就是美玉，即“璧”的意思。黄璧秀与当时广东省有名的大书法家、广州六榕寺主持铁禅大师是旧交，山花下楼匾中的“瑞石楼”三个刚劲隽秀的大字便是铁禅大师题写赠予的。

瑞石楼建筑面积552.21 平方米，外有小院合围，楼高共9层，钢筋混凝土结构，建楼所用的水泥、钢材、玻璃及木材等，均是从香港购买，共耗资3万港元，历时3年建成。

瑞石楼整体建筑呈现出中世纪意大利城堡风格，外部总体造型是西式风格，有罗马穹窿顶、拜占庭穹窿顶等充满异国风格的建筑造型，楼的顶部有3层亭阁，其中四周用承重墙接托的罗马穹窿顶和以支柱支撑的拜占庭穹窿顶的造型最为显著。虽然受到西方生活的较大影响。但是其内部的布置、用具则是岭南传统的样式，门窗上都是雕龙附凤，有“富贵吉祥”及“延年益寿”等中国传统的祝福字眼，充分体现楼主对西方文化所表现出的从容、自信、大胆接纳，以及洋为中用、兼容并蓄的心态。瑞石楼的美，是一种时空美，一种史诗般的壮丽、宗教式的崇高、田园式的和谐、骑士般的浪漫、童话般的迷幻。

瑞石楼第一层是客厅，左房为黄璧秀太太周氏的卧室。第二至六层为儿子、儿媳住所，每个房间都有两个门，以便将来人多了以后可以把这一大间隔开为两个小间使用。其中每层都配备设施齐全的厅房、卧室、卫生间、厨房和家具。并且每层的窗裙、窗楣和窗花的造型都不尽相同。在立面上运用西洋式窗楣线脚，整体造型和细部处理都非常精致，有浓厚的西方建筑风格。楼内家具形式与陈设表现出十足的传统格调，酸枝木的几案、椅凳、床柜，柚木的屏风，坤甸木的楼梯、窗户等，用材讲究，做工精致，格调高雅。其中第五层顶部的仿罗马拱券和四角别致的托柱有别于其他碉楼中常见的卷草托角，形成向上部的自然过渡，视觉效果上甚是

锦江里碉楼群

美观。第六层外部为柱廊，是爱奥尼风格的列柱与拱券组成的。第七层为平台，瑞石楼从六楼起有阳台，七楼的平台就更加宽大，平台四角各伸出一个瞭望、防卫用的圆形塔楼，南北面则以巴洛克风格的山花和中国园林景窗相结合，由内向外眺望，仿佛一个西洋镜框中镶嵌着一幅中国的山水画，充分发挥了中国园林借景、框景的设计手法。铁禅大师为瑞石楼书写的匾额就放在七层上部正中的位置。同时七层这里还建有水池，可惜建成后没能派上用场。据说是因为风水师傅说此地不能打井，会坏了风水，只能用河水。于是自来水以及水池也就没有用上。第八层为更夫房，外部平台中立有一座西式塔亭，内部放置祖先神龛，该神龛雕刻精美，堪称艺术精品，为家人祭祖的精神空间所在，室外则是一周观景平台，第九层小凉亭的圆顶，罗马风格更多一些。除了小凉亭外九层还设有堡垒式的瞭望塔，虽然很小，但是防御能力不容小觑，设有探照灯和铜钟。

瑞石楼楼顶细节

山花和匾额

瑞石楼无论从外看还是从内看，都是铜墙铁壁、牢不可破。据说这里的楼板厚度都足足有50～60厘米后，墙体也在40厘米以上。其中外墙还施加了众多的的灰塑图案，融入了中国传统的福、禄、喜、寿以及金钱等内容，在西式的外表下蕴涵着浓郁的传统文化气息。

瑞石楼中最具有传统风韵的当属它的楹联古训字画等。从一楼到六楼都安装有传统的木质格扇，而在每一个格扇上都用真、草、篆、隶不同的书法题写着不同的古训和吉祥语。如：花开及第、万物同春、庭植三槐等。一层的字是金色的，其余皆为石绿色，更具中国传统风韵。最著名的是铁禅大师所书写的“瑞石楼”三个刚劲隽秀的大字，狂放洒脱。据说铁禅虽置身空门，但饮酒吃肉，洒脱不羁，大有魏晋狂士之风。铁禅大师苍劲浑雄的书法，提高了瑞石楼的文化品位。一楼的“家庭自怡，世界大同”，二楼的“万福攸同，千祥咸集”，三楼的“说教敦礼，居仁由义”，四楼的“止孝止慈、兴仁兴让”，五楼的“伦炽伦昌，仁寿镜开”，六楼的“唐诗晋字，积名万世”，读来意味隽永悠长。而对联中有“杖履优游消俗务、心神和悦养天年”，给人出世之感。

登得瑞石楼，高处赏美景自是不可缺少的。屋内一副对联把这登高美景描写得淋漓尽致：“日丽山色秀，风和草木荣”，这美景引人入画境。站在七楼神龛对面，透过像太阳也像月亮的外墙山花圆洞向外望去，蓝天、绿地、河流、村落、田野，晴川历历，极目远处则重重山峦，更是养眼。此境就是 “三重山”，象征富贵重重。俯瞰四周，高楼与翠竹相映成趣，棕榈与芭蕉渲染交流。在这开平第一高的碉楼上，还真的会找到“会当凌绝顶，一览众山小”的豪迈。

瑞石楼楼顶

解说

黄璧秀父子的『冲突』

在兴建瑞石楼的过程中，黄璧秀父子由于观念不同而多次产生冲突。当时，锦江里周围的碉楼都是 4 ~ 6 层高。黄璧秀的父亲黄贻桂发现，当自家的碉楼建到第六层时，还没有封顶的迹象。朴实的老人不希望太张扬，于是要黄璧秀就此封顶。黄璧秀没有听从父亲的劝言，碉楼继续向上施工。他告诉父亲，这座碉楼的设计是九层，他就是要在全村、全乡、全县建最高、最壮观的碉楼，让人们远远就能看到黄家的碉楼，无人可比。最后，一幢九层高的碉楼傲然矗立在８０多年前的开平农村，直到今天还令人叹为观止。

开平的碉楼建成后，一般都要题写楼名，黄璧秀父子的冲突再次发生。黄贻桂提出要以自己的名字命名碉楼，因为子以父尊是中国的老规矩。然而，黄璧秀表示要以自己的号“瑞石”命名，而且理直气壮地表示，这座碉楼是用他和两个儿子在外挣的钱所建，当然要自己说了算。但是，一再违抗父命的黄璧秀把瑞石楼的“入伙”时间与父母的八十大寿安排在了一起，村里乡亲皆来贺喜，他大摆“流水席”，一连五天，宴请全村父老乡亲，连过路客人都可入席。

但是，从今天看来，黄璧秀属实为一个孝子，瑞石楼的很多楹联都是最好的证明。包括三楼大厅里的寿星镜画旁的一副对联：“奇石寿太古，好花春四时”，祝福老人寿比南山、春光永驻。

瑞石楼顶部供射击使用的“燕子窝”

精品建筑 锦江楼与升峰楼

好楼成双

在锦江里，瑞石楼虽说是鹤立鸡群，但是还有两座与它不相上下的碉楼与它相伴，一座是锦江楼，由村民集资在村后中部兴建，另一座就是升峰楼。

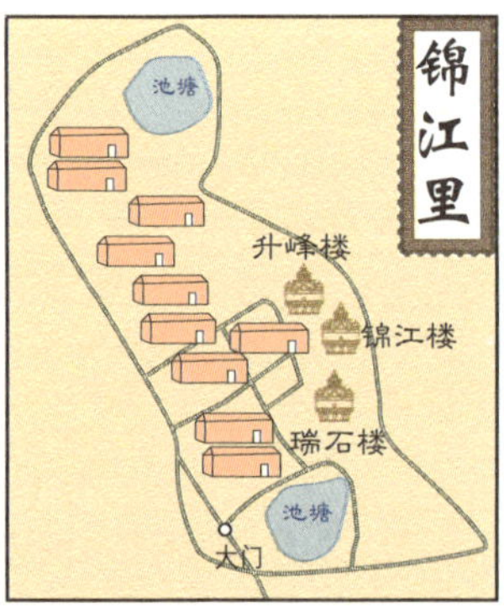

锦江楼

锦江楼是典型的众楼，一般众楼大多以村落名字为名，锦江楼也是如此。楼高5层，17.36米，首层平面宽6.3米，深4.93米，占地面积31.96平方米，建筑面积138.52平方米。楼体体量较小，楼体位置置于一角，呈曲尺状布置，各层为大通间，不像其他大体量钟楼每层分隔为多间小房。楼层高度逐层降低，底层高3.53米，二、三层为2.93米，四层仅为2.7米。一至四层为村民防洪防匪所用。钢筋混凝土结构，顶层为悬挑出来的平台，女儿墙外有中西融合的灰塑图案，正中为一传统硬山顶碌筒瓦面的楼屋，既是全楼的视觉中心，也是上平台的楼梯间的屋顶。楼墙体密布“I”形和倒“T”形射击孔，墙体密布枪眼，窗口狭小，置有铁门、窗。整个建筑形体简洁，朴实无华，是防御性特点显著的碉楼。

升峰楼

升峰楼是三座楼中修建最晚的，建于1982年，楼主赴美

锦江楼

锦江楼窗户

锦江楼射击孔

升峰楼廊柱

谋生，后学医归来，在广州的法租界开诊所行医、经商致富的黄峰秀。建造图纸是由黄峰秀从广州带回来的，其设计者为法国建筑师。据说解放前这楼里曾发生过一件血案，黄峰秀的侄儿因向黄峰秀的太太要钱遭拒绝，气恼之下，他拿起老太太放在枕边用以防贼的手枪把老太太打死了，一时震惊乡里。而升峰楼取楼名为“升峰”，主要是寄寓楼主祈求家庭幸福、事业腾升的意愿。黄峰秀晚年叶落归根，从美国回家乡后一直居住在楼内，直至终老。

升峰楼体积比瑞石楼小，也是居民楼，占地面积65.3平方米，建筑面积354.71平方米，共7层、高22.34米，钢筋混凝土结构。柱廊柱头采用古罗马的混合式，立柱采用罗马混合式，柱间罗马和伊斯兰风格的拱券交替使用。贯通四、五层的角亭造型应该也属于17世纪意大利建筑中的巴洛克风格，亭子的四角以三柱为一组的巨柱组合，造型精致秀丽，也有人说它是充满南亚印度建筑的情调。围栏外墙和窗楣的灰雕也十分讲究，装饰性极强，墙体同样涂上有浪漫情调的法国蓝。

攻略 INFO

交通

1公共交通：开平义祠车站始发的13路公交车经过锦江里，也可在开平长沙汽车总站（开平市长沙西郊路28号，0750-2322591）乘坐金鸡、那扶、高龙、东山等方向的乡镇班车，在锦江里路口下车。

2.自驾游：广州市—开平市，广佛高速—佛开高速(开阳高速)—塘口出口(或水口出口—G325)，即可到达开平市内，再沿S275省道南行，经过蚬冈镇中心后留意右边路牌，第一个路口右转入村小路便进入，直达景区入口。

餐饮

锦江里是个小村庄，但是临靠锦江，野生的黄鳝饭是首选。黄鳝饭是开平特色美食之一，新鲜的黄鳝用煲仔焗成的饭，黄鳝饭上桌后不要急着掀开瓦煲的盖子，要再略等10分钟后才开盖，且要捞匀了再吃，米饭会更香，带韧性，而且不怕粘口。黄鳝饭有强身健体、营养滋润、祛黄、补血养颜的功效。

住宿

锦江里附近酒店较少，如果去瑞石楼可以选择住宿在开平市里，或者新会区内。

升峰楼

日升楼与翼云楼

并排而立的战士

大同村风景优美，四周被群山环抱，原野开阔，曲水长流。密集的村居在葱浓的林木和茂盛的田园绿野拥抱之中，错落有致，美不胜收。沿着乡镇西去的公路，在一片水田旁远远便能看见两座碉楼耸立的身影，蓝天白云，远山近景，像极了一幅欧陆田园风光的油画。一直以来，日升楼和翼云楼就像两个并排而立的战士，静静地守护着村庄的安宁，同时与周边葱浓的林木和茂盛的田园绿野勾画出村子的钟灵毓秀、人杰地灵。

日升楼与翼云楼名片

头衔：全国重点文物保护单位

位置：广东省开平市赤水镇大同村

电话：0750-2679788（开平碉楼公司）

溯源

19世纪二三十年代，赤水一带土匪横行，打家劫舍无恶不作，而大同村居住的二三十户富裕的美、加侨眷更是常常受到他们的袭击。为了防御匪患，同时方便家人居住，1926年，在赤水开钱庄的司徒昌伦在大同村村口建造了“日升楼”，取名寓意是其事业也能像旭日一样东升，事业兴旺；“翼云楼”则由在香港开当铺的司徒达佑出资建造，寓意是与旁边的日升楼比翼云端。两座楼相互依偎几十载，在当时土匪盗贼横行的年代，保护了村里人的财产和人身安全。

日升楼与翼云楼

布局

大同村是一个华侨村，整齐排列着建筑模式相同的14座民居，除靠近门楼的司徒氏宗祠外，11条村巷，每条又并排列着三间规模一致的民房，户户都是坤甸木制作的门栊，整齐划一、气势不凡。这座令人羡慕的华侨村和古城堡式的建筑，曾引起过传统建筑学家们的关注。

大同村口矗立着两座并列的碉楼——日升楼、翼云楼。日升楼共6层，为圆形穹顶；翼云楼共5层，为尖形塔顶。两座碉楼的楼身都极少装饰，唯独顶部有异国情调的装饰，远看两座碉楼就像欧洲小镇古色古香的教堂。近90年风风雨雨的洗礼，楼身已发黑，灰白色斑驳的墙面，整体略显沧桑。

走进日升楼，沿着已近腐朽的楼梯小心翼翼爬向顶楼，你还会看见楼里陈放着当年主人遗留下来的家具、坛坛罐罐等日常用品。三楼有两只被遗弃的“金山箱”，里面铺垫的英文报纸，竟然还是1948年的……从清末开始，漂洋过海的不少开平华侨开始陆续回乡，这些被叫做“金山客”的华侨回乡时通常都会带上一只或数只大木箱或皮箱，因为这种箱子里面大多装着华侨回乡时随身携带的金银首饰、衣料和西方的一些生活用品，所以被看做是华侨财富的象征，并被俗称为“金山箱”。开平就一直流传着“金山客，金山箱，有一千有八百”的民谣。天台上是罗马建筑风格的圆形穹顶，周围的墙面上设有“l”字形的射击口，用来防御土匪。旁边的翼云楼比日升楼稍矮，为西欧古典建筑风格。

日升楼前面上的射击孔

看点一 御匪功能

开平碉楼建筑层数多，楼层的挑高也比较高，多安装狭长的铁质门窗；同时，顶楼的墙面上一般都会带有射击孔，有的还会在顶楼配备火炮。这是因为开平的碉楼除了居住这一功能外，主要是为了防御周边的匪患。而日升楼和翼云楼建起以后，在抵御土匪的抢掠方面确实发挥了不小的作用。

翼云楼顶部

据传，有一天晚上，三更时分，十多个土匪到大同村作案，但门楼早已关闸，并用铁链锁着，他们束手无策，无法进入。之后通过附近村的“内鬼”，得以进入村里抢劫。但是声音惊动了村民养的狗，犬吠的声音惊醒了睡梦中的村民们。当时司徒昌伦侨居国外，只有其妻子和儿子住在日升楼里。他的妻子听到声音知道有贼人进村，便和儿子、儿媳妇一起敲锣报警。附近村落的村民也纷纷鸣锣传递信息，并从碉楼里发炮，震慑土匪。众匪徒只得撤离，正好经过日升楼，司徒昌伦的儿子司徒厚德在碉楼上举枪射击，将一个土匪打伤；而翼云楼里的几个更夫，乘机持枪追赶，将土匪赶出村子。这件事情当时成为大同村的一段佳话。土匪损兵折

碉楼的窗户

碉楼山花

将，无功而返，甚至也不敢再打大同村的主意了。

看点二 小姐池

清朝女子水性较差，且封建约束较多，不能到溪水游泳。楼主司徒昌伦多年侨居国外，思想受西方文化影响较深，这一特点在日升楼的建筑过程中体现了出来。司徒昌伦将西方建筑风格引用到日升楼的同时，还勇于突破封建传统思想的束缚，在日升楼的后花园里建了一个池子，供村里的女子游泳，该池塘在当地叫“小姐池”。

这个池子为长方形，长约60米，宽约20米，四周均由花岗岩条石砌成，北侧设有阶梯上下。更为特别的是，池里建有进、出水暗洞直通北溪，池水可随九龙江水涨落换上北溪的新鲜水。如今这个游泳池被村民当鱼塘使用。

攻略 INFO

交通

在开平长沙汽车总站（开平市长沙西郊路28号，0750-2322591）乘坐高龙、东山方向的乡镇班车，在大同村路口下车。

食宿

可以在村里的农家院品尝农家菜；住宿建议到开平市区，条件和卫生相对较好。

开元塔

兴盛文化之塔

“不识庐山真面目，只缘身在此山中”，来到马山，不禁会想起这句诗，还会有作诗读诗的雅兴，因为这山上的开元塔本身很难不让人们雅兴大发。

开元塔藏在马山之上，松林片片，亭台数座，依山傍水，别有一番学术韵味。历史的沉淀更使得它洗尽铅华，尽显文雅。开元塔也正是一个历史文化传承的载体，通过它感受到的历史与文化气息是那么的深刻。

开元塔名片

头衔：市级文物保护单位

位置：广东省开平市长沙楼冈马山（又名塔山）

门票：7元

溯源

据开平县志记载，开平于1649年在苍城镇设县，立县18年，开平科举一直榜上无名，县令高子翼便倡建学宫。在经济条件十分落后的情况下，1667年，开平建起了一座大型学府，也就是今天的开平学宫。

学宫建成后，尽管当时官府大力倡导教育，但开平在科举方面并未取得立竿见影的效果，历任知县都认为是风水不好。据传当时四川省南溪县人叶重秀到开平任知县，见开平县文化不兴，科举寂寂无名， 便倡议在马山顶上修建“文塭”塔(“塭”与“笔”同音同义)，以此寄托多出人才的心

开元塔公园正门

愿。1751年，始建“文塭”塔，塔建成后不久，开平先后就有10余人中举，但仍无大的建树。

1843年，时任县令江西吉水人张帮泰决定将“文塭”塔增高两层，使之与苍城学宫的地阶相平，同时在“文塭”塔左侧添建一个“文印”，开平则会人才辈出。同年7月，“文塭”塔被增高两层，此后开平果然科举大兴，开创了开平科举新纪元，后改名为“开元塔”。

如今建有开元塔公园，配备上山步级、入口牌楼、上山牌坊、碑廊、名人廊、绿化区、停车场等配套设施。

开元塔特写

布局

开元塔位于塔山风景区内，景区大门为一个大牌坊，上面挂着“开元”两个大字。走进风景区，也来到山脚下，远远就可看到位于山顶的开元塔。拾级而上，步步登高，将看到一个四柱牌坊，上面挂有“思逐风云”的牌匾。周围松树遍布，有长廊，有小亭，极为典雅。接下来映入眼帘的是一座碑，上有“开元塔赋”。其背后就是矗立在山顶的开元塔。

精品建筑 开元塔和金章阁

开元塔高7层，占地面积约49平方米，塔底南面有一处明显的门洞被石头封住。据介绍，是当年张帮泰封的，二、三层有木门，也均已封死，四至七层虽有门洞，但据说从来无人进入塔内。

开元塔旁有金章阁，曾于1996年崩塌，如今的金章阁是1999年重建的，阁内设“孔圣堂”，立3.8米高的孔子铜像一座，阁之西门外立有龟趺，上刻《开元塔赋》，另有牌楼、台阶等。

开元塔有着悠久的历史和深厚的文化底蕴，它虽为封建科举时代的产物，但对激励历代开平人勤学向上、勇于进取有着积极的作用，是一份宝贵的文化遗产。

传说有一个故事：不中状元，不开塔门。清朝道光年间，开平县来了一位县官，叫张邦泰。他也想开平“文运昌隆”，出个状元，对他自己也是个光彩，看到当时文塔日久失修，残旧不堪，没有光辉，认为是对开平文运的影响，必须增加塔高与开平学宫的地阶相齐。还要在文塔左边建一印章。文塔则定名为“开元塔”，意思是开平建此塔，从此出状元。塔左边的方块小屋子定名为金章阁，是状元老爷的官印。听此一说，乐坏了县城中的县绅、乡绅们，大家都想自己的后代能挣个状元，因而不仅一致赞同，而且还积极捐款建塔，并于同年动工兴建，还规定“不出状元，不开塔门”。

开元塔和金章阁建成后的当年的秋天，开平果然出了一个传胪司徒煦，以及其他的“功名”之士。张知县等一班乡坤官宦高兴异常，以为开平的文运真的来了，不久的将来开平就出状元了，可惜高兴得太早了，从建开元塔直到废科举时，开平始终还没有出过“状元郎”。因而开元塔的塔门，始终没有被打开过。要在第四层以上才有门可通。

攻略 INFO

交通

开元塔公园距离开平市内13千米左右，距离并不远，可选择自驾车或租车。也可以在开平长沙汽车总站（开平市长沙西郊路28号，0750-2322591）乘坐新兴方向的乡镇班车。

餐饮

马岗镇有特产马岗鹅。马岗鹅是广东江门市开平马岗镇有名的土特产，已有百多年的饲养史。马岗鹅早熟易养，肉质鲜嫩，个体重达超5千克。马岗镇当地人养鹅大多采用放养吃草，除了鹅苗两周喂饲料外，其余生长阶段均喂谷子、菜和田草，因此，鹅肉鲜香，韧劲十足，皮脆肉滑而咬劲十足、咸甜香喉而不肥腻。

住宿

可选择在开平市住宿，各级别酒店充足，丰俭由人。

开元塔

专题 其他地方的碉楼

碉楼不是开平独有的建筑形式，广东的其他地方也有碉楼，如东莞凤岗碉楼、深圳观澜碉楼等。另外，四川等地的羌族碉楼也很有特色。

东莞凤岗碉楼

凤岗碉楼位于广东省东莞市凤岗镇，多建于20世纪二三十年代，大部分由海外华侨回乡所建。现存约120座碉楼，分布在油甘埔村、竹塘村、三联村、黄洞村等地，其中比较出名的有油甘埔村的永升楼、黄洞村的观合楼等。

凤岗碉楼一般都呈四方型，最矮的为两层，最高的为8层，楼层高3米左右。楼层和楼梯一般用木板铺设，它们多数与多间住宅相连。与开平独栋的碉楼不同，凤岗的碉楼是在房侧另建造一座碉楼，既是独院式，又是分体式建筑，住宅与碉楼中间用一米宽的冷巷分隔，进出碉楼要经过二道坚固的房门。

深圳观澜碉楼

深圳观澜有114座碉楼，它们分布在观澜的14个社区中。其中，牛湖社区大水田村是碉楼最集中的地方，有31座。观澜的碉楼多建于清代中晚期和民国初期，墙体为三合土夯筑而成，内部为木制结构，早期碉楼主要用作防御土匪盗贼，楼体构造简单，防卫功能极强，整座碉楼不设窗，只有竖形枪眼。碉楼发展到后期以防御和居住相结合，楼层较高，每层开有窗户，楼顶有装饰性图案。

文秀公碉楼是整个观澜建筑时代最早的碉楼，据说建于清朝，被称为“宝安第一碉楼”。该碉楼坐西北向东南，共三层，三合土夯筑墙面。

成昌楼位于观澜古墟东门街，建于民国年间，是深圳地区最高的碉楼，该碉楼坐东向西，长7.4米，宽5.4米，楼顶护墙外装饰一周黑、一周红彩带，四面各设两处“口”形瞭望孔，西北角、东北角各设一个瞭望台。

羌族碉楼

自唐朝来，羌族人民因各种原因向西北迁移，到了西藏和青海，所以现在，羌族碉楼也被称为藏族碉楼。羌族碉楼多建于村寨住房旁，高度在10至30米之间，用以御敌和贮存粮食柴草。碉楼有四角、六角、八角几种形式，有的高达十三四层，多用石片和黄泥土建成。石墙内侧与地面垂直，外侧由下而上向内稍倾斜。修建时不绘图、吊线、柱架支撑，全凭高超的技艺与经验。建筑稳固牢靠，经久不衰。1988年在四川省北川县羌族乡永安村发现的一处明代古城堡遗址“永平堡”，历经数百年风雨沧桑仍保存完好。

碉楼根据不同的位置，有不同的功用，共分为家碉、寨碉、阻击碉、烽火碉四种。家碉在羌峰寨最为普遍，多修在住宅的房前屋后并与住房紧密相连，一旦战事爆发，即可发挥堡垒的作用。寨碉通常是一寨之主的指挥碉(也常祭拜祖先用)。阻击碉一般建在寨子的要隘处，起到“一碉当关，万人莫开”的作用。烽火碉多在高处，是寨与寨之间传递信号用的，同时也能用于作战。

每座碉楼的门都设在离地面数米高的地方，门前放置一活独木梯，供人上下；一旦抽走独木梯，攻者想要进入碉楼，那可比登天还难。碉门十分矮小，成人也须躬身出入，门板坚实厚重，亦有多道带机关的门闩。碉内分有若干层，每层都有碉窗和枪眼。居高临下，远可射，近可砸，敌在明，我在暗，以守代攻，游刃有余。

风采堂

百年沧桑 风采依旧

广东的祠堂，有“北有陈家祠，南有风采堂”的定论，著名的风采堂就矗立在宽阔的潭江边上。

风采堂规模巨大，瑰丽雄伟，如潭江岸边的一颗明珠，虽历经百年沧桑，如今风采依旧。漫步其中，无论是华丽的镂空花纹，还是精致的雕刻，无处不散发出风采堂独特的艺术魅力。

风采堂名片

头衔：广东省重点文物保护单位

位置：广东省开平市三埠荻海东堤路2号风采中学内

电话：0750-2369588

网址：http://www.dhfct.com/Index.Asp

溯源

风采堂又名“余氏名贤忠襄公祠”，是广东台山、开平及岭南余姓宗亲为纪念他们的祖先余靖而修建的。余靖是北宋一位杰出的政治家、外交家、文学家，他的成就主要是在生命的最后十多年中，两落两起，三使契丹，两平蛮寇。宋仁宗曾御笔亲题“风采第一，广南定乱，经略无双”，对余靖做出最高的评价。

风采堂俯瞰图

台山、开平两地的余姓族人是从韶关迁入的，在1840年鸦片战争以后又大量移民东南亚、美洲和澳大利亚等地。1900年正月，两地余族宗亲倡议在荻海建立襄公祠堂，向海内外同宗发起筹资建祠。1906年春天公祠动工，历时8年建成。

抗日战争时期和“文革”时期，风采堂遭遇了两次浩劫，祠堂和学生校舍遭到大规模的破坏。从2005年起，余氏宗亲筹资以重修名贤祠，2010年风采堂重又焕发光彩。

镂空花纹装饰

布局

风采堂坐落于荻海面向潭江北端的一块开阔半岛台地上，位于现在的开平市风采中学内，左右为潭江支流合抱，是水口风口宝地。

祠堂坐北朝南，三面环水，环境优美，景观秀丽。进入风采中学的大门，是宽阔的操场，西边宏伟的古建筑就是风采堂的侧面。风采堂的平面布局为岭南大型祠堂典型的三进三路制，共有三进、十五厅堂、六院，总建筑面积有5300多平方米，规模宏大，但在建筑形式、空间和装饰上却糅合了西方建筑元素，别具一格。

祠堂分前、后两座，前座为“风采堂”，后座为“风采楼”。

风采堂东西宽54.8米，南北进深50.8米，采用砖、石、钢、木和钢筋混凝土组合结构，一至二层，建筑面积3639平方米。其左右两路中间以青云巷划分和联系，中路建筑自前至后为头门、拜亭、中堂和后堂。正立面中路三间为塾台式门堂的形状，空间布局虚实结合，左右两路为五开间倒座，立面分两部分，靠中轴线一侧两间为坡屋顶的庐式立面，而外侧三间则为带女儿墙和前廊的西式立面，青云巷入口也用了西式建筑的拱门与山花。头门正上方石门额写着“余氏名贤忠襄公祠”八个大字。入门处有一扇过渡的屏风，绕过屏风进入第一进庭院，视线豁然开朗。与传统的祠堂空间不一

风采堂屋顶精美的装饰

样的是，**厅堂建筑没有用来隔断的门和墙，整个空间开敞明朗，室外庭院空间和室内厅堂空间融为一体**。

来到风采堂，首先映入眼帘的是坐落在基台上、风格别致的拜亭。拜亭平面呈扇形凸出于大堂之前，变化的歇山屋顶与大堂连为一体。拜亭由四根铁柱、两根石柱形成四个圆拱，拱上铁铸的蓝色镂空花纹与四周的圆拱形柱廊相协调，散发着浓厚的巴洛克气息；而顶盖的琉璃绿瓦、屋角飞檐、屋脊上高昂的吻兽，梁上精细的木雕、檐下色彩鲜艳的陶塑，华丽无比。

亭后是大堂，大堂中央悬挂着一块漆金大匾，上有"风采堂"三字，字迹雄浑苍劲，出自明代大儒陈白沙之手。大堂是面阔三间，进深三间的格局。支撑的柱子是石质的罗马混合式风格，柱头之间靠传统风格的木雕横梁联系，靠有前后拉结的钢筋固定。柱子的柱脚用八角形柱础，装饰有莲花纹样，而柱头则用罗马混合式。屋顶是中式风火山墙硬山顶，其下方则是混凝土结构的西式科林斯柱式三跨拱券作为承重结构，整体结构和空间是以西式风格为主，但平面格局和屋顶则又以中式为本，中西建筑元素有机地融合在一起。

后堂是放置祖先牌位的地方，结构空间形式与中堂相似。由于空间高大，中堂前后檐下采用了玻璃窗，此间则是用了两个并列一组的开敞拱券窗，既起到了采光通风的作用，又达到了防风雨的目的。中路的前后三座建筑左右用罗马拱券廊联系起来，空间的连续性和整体感很强。中路两侧的青云巷中部用一座下部带有拱券门的塔楼划分开来。旁边两厢为两层建筑，共有15间厅堂。沿着青云直巷，可到后座风采楼。

风采楼由洋人鹫新设计，共三层，为砖和钢筋混凝土的混合结构，建筑面积约800平方米。楼内从堂、院、廊、厅、栏杆、梁、壁到屋脊都大量运用石雕、木雕、砖雕、泥雕等中国古代建筑传统工艺和当时从西洋引进的铸铁工艺。首层正门两侧装饰有希腊凹槽柱支撑的三角形山花；二、三层正立面挑出阳台，特别是二层的阳台用古雅典式的铁构件立柱支撑，柱头上雕刻着精细的涡卷状花纹，下部采用了铁花工艺栏杆，与风采堂取得一些整体的呼应。风采楼三层的角楼较为突出，为三柱一组的罗马柱支撑的穹隆顶，三层中央大厅“明宗堂”，供奉着余靖的石雕像，雕像旁有一副对联：“与唐相风度齐名，拔地双峰贯日月；为宋史谏书生色，擎

风采楼透视

天一柱壮山河。”而旁边的神祖龛则完全采用了西方柱式拱券造型。

> **解说** 开平素有“祠堂当学堂”的传统。一些清末民初华侨捐建的大家族祠堂，如溯源家塾、光裕堂、宝树堂等都用做学堂，往往在建祠之初已经有此设计，这也是族人为了培养年轻一代的良苦用心。风采堂在建成不久即作小学之用，到1940年改成风采中学直到如今，期间育出英才无数。

看点一 独特的建筑设计

风采堂建筑采取堂、楼配合的格局，这在中国祠堂建筑中极为罕见。其平面布局上采取楼、堂、门楼、广场和祠墙分布的格局，其中楼处于最靠后位置、楼前为堂、堂前为广场、广场周边为祠墙、门楼处于与外界联系的出入口，整个平面布局给人感觉紧凑、大气。同时，整座祠堂的建筑功能

风采堂前天井三跨拱券回廊

风采堂前天井三跨拱券回廊上的灰塑及飞阁

划分非常清晰、实用。

祠堂的建筑风格糅合岭南建筑风格、开平雕楼式建筑风格、徽派建筑风格、欧式建筑风格和波斯建筑风格于一体，但是不会让人感觉唐突，整体上各种风格的建筑配合得非常完美，不失庄重。

其中，风采堂中厅的主要承重构件是科林斯石柱上砖砌三跨拱券，在拱脚70厘米高度的范围内用混凝土加强，拱脚用铁拉杆拉结，建筑与结构构件合一，即使基础下沉也只是裂而不倒。有别于普通的抬梁式结构，这种结构形式在祠堂建筑中绝无仅有。**同时，风采堂中厅并没有完全照搬西方文艺复兴时期的柱式，而是采用科林斯柱式与中式的月梁及梁托结合的形式。这种中西结合的建筑形式在祠堂建筑中绝无仅有。**

看点二 精心的风水设计

风采堂为坤山艮向，即坐西南向东北，大门向东北45度。从远处看风采堂，只见背靠的山峰一峰高过一峰，预示代代出英才。再看水路，左侧为谭江，右侧为茭江，两江在前面汇合，整个风采堂犹如玉带缠身，预示子孙后代福运绵长。显然这是一处富贵双全、风水极佳的地方，体现出当年前辈宗长对选址的独到眼光。

风采堂的主体建筑由“一堂”和“一楼”组成。风采堂纵向上由三进构成，从前至后，一进更比一进高，寓意后代子孙一代更比一代强。风采楼布置于风采堂后，与风采堂约有五米的间隔，为三层楼高，正好成为风采堂的背山。堂楼建筑相得益彰，配合和谐。更为奇妙的是进与进之间，于东西斋中间分设了四座典型的开平雕楼式建筑，犹如四个卫士在东西南北四方守护着整个风采堂，保佑其祥和安宁。

整座建筑的平面布局，建筑的关键部位如大门、横梁等的尺寸均符合古时鲁班尺的吉数。可以说，风采堂楼建筑是一座风水构建极为合理和极为深邃的建筑群。

风采堂三跨拱券西式罗马柱列结构

风采堂前天井内景

看点三 历经风雨百余年

倡议时期：据《荻海余忠襄公祠堂记》记载：1906年正月，台山、开平两地余族宗亲倡议在荻海建立襄公祠堂，兼作校舍，附学于祠，以伸孝飨，兼寓教育英才之意，选定茭荻嘴为祠址，组织建祠神主会，向海内外同宗发起以入神主的方式筹集到足够的建祠资金。

奠基时期：1906—1909年，其时的茭荻嘴一片荒芜。祠址伸入潭江与茭江交汇处，于是向江中围垦，垒石筑堤，在石堤围内填土夯实，然后打木桩，奠定祠址基础，历时近3年。

建祠时期：1909年，工程全面展开。1913年，祠堂竣工。一年以后，又在祠堂后面的预留地，建成风采楼。总工程费用，高达银元34万。建祠期间，正值社会动荡，战事不断，建祠工程排除万难，终获成功。

进伙祭祀庆典：1915年3月29日子时，风采堂进伙，神主陛座。是时，荻海热闹非凡，礼仪隆重，盛典空前。祠堂建制以尊祖敬宗睦族为宗旨，中厅第三进为祭祀厅，一开三间，中间供奉襄公神主，历代祖宗等次昭穆。作为当时集资方式，各地宗亲认购神主数目达3000

攻略 INFO

交通

1.公交：在开平乘坐2路公交，在风采中学站下车即可；或者乘坐5路公交车，在荻海站下车，再乘摩托车前往。

2.自驾游：沿着三江大道行驶，进入S274行驶1.6千米，进入长安路行驶约200米，即可看见风采中学。

餐饮

风采堂靠近开平市区，所以食宿都很方便。附近有桥川阁餐厅（0750-2338181，祥荻路半岛酒店附近）、国富城酒楼（祥龙中路18号）等餐馆，环境不错。

住宿

开平三埠海景酒店（潭江西路15号）就在潭江附近，可以欣赏到潭江的美景。其对岸，即穿过潭江大桥，也有很多酒店，如开平富豪酒店、开平大厦酒店等。

位，在左右两偏间各供奉神主1500位。

祠校合一时期：祠堂除了祭祀厅以外，其余均用做校舍，前面的广场辟做运动场。建祠之始，1906年，在东河仲笥公祠和叔英公祠设立余氏家族钟英丙等小学。1914年，仲英丙等小学改为新宁县（即现台山市）荻海区立小学，迁入风采堂新校舍。1940年，区立小学迁出风采堂，同年创办风采中学。这一时期一直到20世纪50年代，学校的规模还不是很大。

日侵时期：1941年3月3日和9月20日，日军两度侵犯台山、开平，荻海陷落，祠堂被日机投下两枚炸弹，第一进天面被炸中，部分瓦面和桁桷炸坏，陶塑饰鳌鱼被抛于地。正门的坤甸大门被日军纵火焚烧。1944年6月25日，日军两千多人第三次进犯三埠，分驻风采中学和各据点。风采堂的灰雕人物像遭到严重破坏。这是风采堂的建筑艺术遭到的第一次浩劫。风采中学在此期间迁至五堡。

新中国成立初期：20世纪50年代风采中学改为公立学校，面向全县招生，学生人数增多，原有校舍已不敷应用。学校把祭祀厅改为办公室，又将风采堂后面的市场改为学生宿舍，开始了校园向外发展的过程。

“文革”时期：1966年“文革”开始，风采堂成为“破四旧”首当其冲的对象，所有的灰雕、陶塑都被破坏殆尽，木制牌、匾和楹联毁于一旦或送进了木器社。风采堂的建筑艺术遭到第二次浩劫。

祠校共存时期：1976年以后，风采中学迎来了新的发展时期，扩大了校园，先后建起校友楼、教学楼、实验楼和宿舍楼，逐渐将主要的教学活动转移到风采堂外面。开平市政府也把余忠襄公祠作为文物加以保护，成为旅游景点。1993年风采堂被列为广东省重点文物保护单位。

◎衔远山，襟三江——风采堂远眺

无人村

斑斓而阴森的建筑遗产

如果你向往神秘，喜欢探险，无人村将是最好的旅行目的地。来到这里，一边欣赏历史遗迹，一边感受着它斑斓而落寞的文化遗产。

偌大的村庄杂树遮天蔽日，密不透风，处处充满着空虚、孤寂和恐惧气氛。白天，这里听不到外面半点喧嚣。隐藏在枯枝藤蔓之中的无人村，植物斑斓而又神秘。到了晚上，村里时不时响起像人也像乌鸦的惨叫、悲鸣和啜泣。碉楼空空，伸手不见五指。让人觉得可怕又阴森。

无人村名片

位置：广东省开平市三埠镇石海村

电话：0750-2679788（开平碉楼公司）

溯源

无人村也叫邓边村，无人村在120多年前就开始有人居住，住过58户人家，是甄、伍两姓的“天堂”，其中甄姓人家占了90%。

20世纪20年代，侨乡开平兴起漂洋过海创业风，村里的青壮年相继到西方国家淘金，赚了钱就把其中一部分寄回来。由于战乱频繁，土匪多次趁火打劫村庄，村人便集资在村的南面修筑了一座七层高的碉楼。碉楼虽然给村庄带来了稳定，但并不能给村人制造财富。于是，村人在“金山伯”的影响下，纷纷搬迁国外。到新中国成立初期，邓边村只剩

▲穿墙入室的木棉树

下十多户人家。土改运动又加速了这些留守户的出走，他们纷纷前往美国、英国、加拿大、澳大利亚、新加坡、中国香港等30多个国家和地区。1956年，邓边村只剩下五户人家留守。在香港回归的1997年，村里只有两户人居住。

后来由于白天树木遮天蔽日，晚上气氛怪异，令人辗转难眠，两户人家心惊胆颤，无法忍受恐惧和寂寞的长期折磨，想尽办法在1998年急急搬迁到4千米外的开平市区置业安家，使得该村成为了名符其实的无人村。

无人村一角

布局

无人村长不过800米，宽不过600米，流水将村隔成田野阡陌中的一座小岛，高大的老树和穿插其间的藤蔓又构成一道10米左右厚度的绿墙，看不出一点象征村落的标志。村落四周被水沟和水塘环绕，村边被杂草树木丛生的荆林完全包围。

看点一 建筑独特却又精致

无人村每座住宅的建筑风格都是一样的，很有清末时期的文化品位。大厅的墙壁上雕刻着壁画，每幅画都是那样精致。古香古色的建筑透露出原来主人家境的殷实。住宅都是使用青砖、水泥板、地砖和木板作为建筑材料。**外墙用双砖砌成，并参考了碉楼的模式，双砖之间有一个青砖大小的空心，据说一是为了隔热，二是为了均衡支撑力量，比实心墙更坚固耐用**。一楼左侧的房间有一梯，可上二楼。二楼地板几乎全是木板铺设，连楼梯也是如此。在其上走动，清脆的脚步声数米可闻，更添神秘感。结构均为两层，底层中间是大厅，左右各有一至两间房。楼上中间设置木屏风，其上搁置神台。经过岁月的变迁，更是蒙上了一层神秘的色彩。

进入其中任一座住宅，人们会明显地感觉到一种浓郁的中国传统文化气氛。门楣、大厅的墙壁上，多雕有壁画，以鬼神、神话中的人物或景象为主。同时也明显感觉到恐惧的压抑。一幅幅栩栩如生的壁画让人们马上想到香港鬼片中的凶神恶煞或妖魔鬼怪，不敢正眼多看几遍。高达2米的神台供奉着逝去的先辈们，有的香炉上还插着一簇未烧完的香。

这里户与户的距离都很窄，只能允许一个人在其中行走。

村里还有个“光东书屋”，是供人们读书看报的地方。进入里面，顿时会被它那浓浓的文化氛围所笼罩。

因为杂树遮天蔽日，几乎密不透风。感觉处处都充满着

空置的碉楼

无人村一景

孤寂和恐惧气氛。

看点二 斑斓的生态环境

村口有左右两条小路深入村庄，路两边分别有一样东西会吸引人们的眼球，让人们留下深刻印象。在左边的小路上，有两棵上百年树龄的40多米高的木棉树，可以想象是怎样的一棵苍天大树。再往右边看，更是让人震撼：只见一棵粗壮的榕树穿墙入室，它的枝干侵入到了各个房间，因此每个房间都被它搞得支离破碎，那庞大的树枝看着也是十分吓

光东书屋

人。

看点三 阴森恐怖的气氛

在无人村中，恐怖的感觉会随时而来，在这斑斓的植物中，可能会突然从草丛中窜出来一只野兔，或从头顶飞过一群乌鸦，不时响起像人一样的惨叫、悲鸣和哭泣。让人听了心里直发怵。

这里确实是对人心理的巨大挑战，如果你自认是个胆子很大的人，那么你可以去这个村子看一看，好好地体验一番，但是还是提醒你一句，不要一个人单独前往，否则等到了那个地方再后悔就已经来不及了。空荡荡的屋内只有祖宗屹立不倒的牌位。

攻略 INFO

交通

1.租车：距离开平市区不远，可以搭出租车前往。

2.自驾游：从开平市区出发，走东兴大道，过开平大桥，下桥后绕环形岛往左走约2千米，进入左面的乡间小路，往前2千米见右面有座碉楼，即是无人村。

餐饮

黄鳝饭是开平特色美食之一，是新鲜的黄鳝用煲仔焗成的饭。黄鳝饭上桌后不要急着掀开瓦煲的盖子，要再略等10分钟后才开盖，且要捞匀了再吃，米饭会更香，带韧性，而且不怕粘口。黄鳝饭有强身健体、营养滋润、祛黄、补血养颜的功效。

住宿

可选择开平市内住宿。开平市酒店林立，丰俭由人，如开平新世界大酒店（开平市曙光西路62号，0750-2378888）。